これでいいのか　日本の災害危機管理

……危機管理の基本に学ぶ……

高見尚武

近代消防社　刊

序　論

危機的な災害が起こるたびに後手に回り、混乱や不安を招く要因は何か。省庁縦割り行政のもとで核となるべき専門省庁がないこと。失敗の要因をシビアに検証することなく、「対症療法的」に処理してきた結果に他ならない。

東日本大震災から六年目を迎えたが、災害に携わった当時の政権、引き継いだ政権も失敗の要因や教訓を真剣に把握しようとはしない。南海トラフや首都直下の大地震等が予想されるなかで、大地震が起これば同じ失態を繰り返すのではないかと危惧される。

大地震ばかりではない。最近は異常気象による季節外れの巨大台風が続々と日本列島を襲うようになった。集中豪雨、河川の氾濫、土砂災害等による死傷者や孤立する山村が増えている。

安全保障関連法の成立、テロ災害、領土問題、領海侵犯、武力攻撃、北の弾道ミサイルの発射等、近隣諸国との緊張感が増すなかで、国、自治体、国民の「危機意識」、「リスク感性」は鈍く、危機への備えは依然、大きく立ち遅れている。「国は国民の安全を守る」というが、果たしてこれで国民の安全を守ることができるのだろうか。

本書は「災害の危機管理」を中心に述べた。

災害危機管理の究極の目的は、一言で言えば、「危機の予防・回避」であり、「損害の軽減」、「教訓を活かした諸施策への反映」である。

自然がもたらす地震、台風、豪雨、噴火等は、未然に防ぐことはできないが、自然現象による災害を予知し、身の安全を図り損害の軽減を図ることは可能だ。このため「リスク感性を高め」、「リスクを把握し」、「事前対策を講じること」が重要だ。

「危機管理」、「リスクマネジメント」の基本的な考えは、この道の権威者であった関西大学名誉教授　亀井利明先生（故人）のご著書、学会等でのご指導に負うところが大きい。ここに心から敬意と感謝を捧げたい。

本書は、災害事例に関する内外の図書、マスコミ報道等を引用した。だが、単なる引用の羅列ではない。災害事例から何を学ぶべきか、気負った言い方だが、「帰納法的な発想」（帰納とは個々の具体的な事実から一般的な命題ないし法則を導き出すこと＝広辞苑）を試みた。だが、いざ手掛けてみると「言うは易く、行うは難し」で、十分にその目的を果たしたとは言い難い。今後、更なる研鑽が必要と自戒している。

○　なぜ消防の事例が多いのか

本書は消防に関する事例や引用が多い。「消防の危機管理ではないか」と思う方が少なくないと思う。だが本書は「消防を目的とした危機管理ではない」。危機的災害から如何にして国民の安全を守り損害の軽減を図るか、政治、行政に携わる方々や企業・地域社会のリーダー、学校の先生、幼児、子供、家庭（第四章では、消防について論じたところもあるが……）等を対象に記述した。

少々余談になるが、国民の命の安全を守るのは、消防、警察、自衛隊等である。とりわけ消防は、警察、自衛隊に比べ生死の狭間での活動が多い。自然災害、人為的災害等、災害の種別を問わず要請があれば「即、出場」となる。サリン事件、東海村のＪＣＯ臨界事故等では正確な情報が掴めない状態で活動を強いられた。東日本大震災における多数の消防団員の殉職、チェルノブイリの原発事故、米国の９・１１同時多発テロ事件等では、多くの消防幹部・隊員が犠牲となり損害を被った。

災害危機管理の条理を探求するには、危機に対する事前対策をはじめ、危機が起これば「どうリスクを把握し」、「どう判断し」、「どう行動するか（したか）」が重要となる。このことは危険性の程度（レベル）は別として、消防だけの問題ではない。命の安全確保のためのノウハウを見出すことは、あらゆる職域、世代に共通する重要な問題である。

特に生死の境で行動し経験した人々の体験談、記録、参考図書、文献、報告書等は災害危機管理の基本原則を構築するうえで貴重な情報だ。資料の多くは、私の知る範囲では、内外共に、消防に関するものが多かった。

「第四章　行政の危機管理と国民の安全」では、ことさら消防に関する問題を記述した。国民の命の安全を守る消防は、自衛隊、警察に比較して組織体制に多くの脆弱さと格差がある。改善すべき課題も多い。

政府、国会議員、マスメディア、有識者等は、この問題を重要視しようとはしない。実働部隊を持つ消防幹部も忍の一字で沈黙している。

「国民の命の安全を守る消防は、これでいいのか」、私は多くの方々に意見を問うことにした。

かつての時代は、消防は、火災、水災が主たる任務であった。消防とはなにか、辞書には……。「火事を消し、延焼を防ぎ、火災の発生を防ぐこと」（明鏡国語辞典）。「火災を消し、延焼を防止し人命救助にあたり、また、火災の発生を防ぎ、水災などの警戒・防ぎょすること」（広辞苑）。とある。消防組織法には、消防の任務（第一条）として「国民の生命、身体及び財産を火災からの保護、水火災又は地震等の災害を防除し、これらの災害による被害を軽減、災害等による傷病者の搬送」とある。

省庁縦割り行政のなかで、原子力災害、テロ災害、NBC災害等、災害が多様化している、だが、どの防災機関が責務を負うのか明確ではない。十分な事前対策ができていない状態で、消防は危険な狭間で災害活動をしている。災害の危機管理を考えるうえで由々しい問題である。消防法令の目的と実務との関係が大きく乖離している。

本書をお読みいただきながら仮に自分がその立場にあったなら、どう判断し行動するか考えていただくならば、参考に資する点も少なくないと思う。

タル・ベン・シャハー（ハーバード大学・心理学博士、組織行動論）は、「**難解な言葉で語られることの多い学術的研究を一般の人達に分かりやすいかたちで提供し、人々が日々の暮らしの中でそれを役立てるようにすることは重要なことである**」と述べている。私は学術的能力はないが平易な文章で実務に役立つ内容に努めた。

ドイツの政治家ビスマルクは、「**愚者は自らの経験に学び、賢者は他人の経験を『追体験』として学ぶ**」と述べている。本書で多くの事例を引用したのは、大災害で目前急迫の危機的体験をした人々の言葉には、何人も否定できない真実がある。私は事例を通じて生きた知識や教訓を学び実践に役立つ原則を指向した。

序論が長くなった。以上をご留意いただき本論をお読み下されば幸甚です。

※二〇一一年三月一一日、東北地方を襲った巨大地震は、気象庁は地震名を「平成２１年（２０１１年）「東北地方太平洋沖地震」と命名。日本政府は、二〇一一年四月一日、この地震名を「東日本大震災」と発表した。メディアは「東日本大震災」に統一し使用しているので、本書では、災害の危機管理を中心に論じる関係で「東日本大震災」の用語で統一した。

目　次

第二章　危機管理の基本

2　危機管理の組織と体制……57

第五章　自主防災と地域社会の安全

第八章　風評被害・クライシス・コミュニケーション

目　次

第一章　東日本大震災から何を学ぶべきか

1　日本はなぜ災害危機に弱いのか

先送りされる危機への備え

東日本大震災では、国家の危機に対し政府は無力であった。「国家としての危機管理体制が不在」であったからである。大地震、大津波、福島第一原発事故の複合災害のなかで原発事故は、政府、専門家、東京電力等は為すべき術もなく見るも無残な光景を曝《さらけ》け出した。

新潟県中越沖地震に伴う東京電力・柏崎刈羽原発事故、茨城県東海村の臨界事故等では、警鐘を鳴らす大災害が相次いだ。だが、政府、省庁、企業等は、危機への備えを怠り安全神話に盲従した。その結果が福島第一原発事故であった。すでに発生から六年目を迎えたが、多くの教訓を活かした危機管理体制はできていない。

小泉内閣の当時、有事法制の整備に伴い、国会において仮称「緊急事態特別法」を整備するとの付帯決議がなされたが、首相の「必要なし」との判断で消え去った。

東日本大震災の直後、マスメディアの一部には、米国のＦＥＭＡ（連邦緊急事態管理庁）のような組織が必要ではないか、といった論説が目立ったが早々に消え去った。

災害危機に弱いのは政府だけではない。「喉元過ぎれば熱さを忘れる」ではないが、国民の危機意識も低い。政治に対する国民の要望は、防災よりは経済優先の声が大きい。このため為政者も官僚も危機管理体制の充実強化に力を入れてこなかった。

国、自治体、有識者、マスメディア等に対する国民の信頼は大きく失墜した。だが巨大災害を通じて、国民の多くは「自らの生命の安全は、自ら守る」、「自助、共助等、人間の絆がいかに重要か」を学び、災害に対する考え方に大きな変化が生じるようになったことは歓迎すべきことである。

国、自治体の組織に「危機管理部・課」「危機管理監」等を設けるところが多くなったが、危機管理の原理原則に沿った組織・体制になると依然、脆弱な現状にある。大災害が起こるたびに中央集権的な色彩が強くなる。自治体は国の下請け的存在となり、主体的、能動的に行動するとなると制約がある。災害への対応は、地理感や地域特性に詳しい自治体に判断させ行動させる方がはるかに合理的で能率的である。

危機管理に関する法令が未整備な現状では、「危機管理の充実強化」を唱えてみても実践には役立たない。大災害が起こるたびに、災害対策基本法を手直しをするようでは、災害の都度、同じ苦渋を繰り返すことになる。今一度、危機管理の原点に戻り、この国の危機管理の在り方を考え直す必要がある。

司令塔のない危機への対応

東日本大震災では、首相、関係閣僚等は、被災地と霞ヶ関を往き来し、不眠不休で汗を流し陣頭指揮をとられたご努力は、並大抵なことではなかったと思う。だが、国家的危機というのに、危機管理の歯車（組織）は空回りし、一元的な統率力、指揮命令等に手順を追った体系的な組織力が発揮できなかった。この背景には、危機管理で最も重要な一元的な組織体制、事前対策が不在であったからである。

主な要因は……。

① 省庁縦割り、中央集権、林立する対策本部。委員会の数は一三に及び組織全体を統率する中心となる司令塔がなかった。

② 試行錯誤、後手の連続によって、事実の公表が後日、訂正される等、信頼すべき情報が発信されなかった。

③ 最高指揮官である首相は組織の頂点に立って全体を統括し、指揮することができなかった。

④　危機管理は先手必勝だが、ＦＥＭＡ（連邦緊急事態管理庁）のような行政組織・専門職や専門部隊が日本にはない。平時は危機管理と直接関係のない仕事をする官僚が、危機が起これば、「いざ鎌倉」とばかりに会議に馳せ参じる。これでは後手に回るのは当然で、先手を打った危機への対応は難しい。

阪神淡路大震災を経験された元兵庫県知事・貝原俊民（故人）は、自著「大地からの警告」（ぎょうせい）で**「危機管理が不十分というよりは、危機管理自体が欠落していたと言わざるを得ない」**と述べている。まさに至言だと思う。

福島第一原発事故では、苛立つ首相、閣僚が東京電力幹部や関係者に怒号、罵声を浴びせかけ阿鼻叫喚《あびきょうかん》の巷と化した。いずれの政党が内閣を担当していても、危機管理不在の現状では、今後もこれに似た現象が起こるであろう。「省庁あって国家なし」というが、当時、政権を担当していた民主党も、政権を引き継いだ自由民主党も３・１１大地震を教訓にした危機管理体制の在り方を検証し改善しようとはしない。政府・国会・マスメディア・国民は、この現状に目を背けてはいけない。

脆弱な危機管理体制で、「首都直下大地震」、「南海トラフ大地震」が起これば、甚大な損害を被るのは「火を見るよりも明らか」である。

レオボスナー（FEMAの専門官）の提言

ＦＥＭＡの危機管理専門官・レオボスナーは、阪神淡路大震災後（平成一二年九月）来日し、約一年にわたり日本の危機管理の現状をつぶさに調査し研究した。その結果、次のことを指摘している。

①「日本の危機管理業務に携わる組織体制は一般に脆弱だ。特に内閣府の防災管理業務に勤務する職員数は少ない。常時は待機状態で、災害が起こると二四時間体制になる。職員は、通常、二年間で年季が明けるが、そのまま継続して勤務することを希望せず、一般事務に戻ることを望む職員が多いという。」

（筆者の意見）ＦＥＭＡでは、一〇年、二〇年にわたり危機管理部門で勤務することを希望する職員が多いようだ。二年程度で交代する日本では、危機管理の専門職は育たない。何年たっても素人集団である。待機業務といった魅力のない仕事のさせ方に問題があるように思う。使命感のある魅力ある専門職を育成するには、国としての危機管理業務、組織体制のあり方を検討し改善が必要だと思う。

② 縦割り行政による弊害、一元的管理体制ができていない。

③　危機管理の専門職員が少ない。人事異動では、危機管理業務を敬遠する。日本から何百人とFEMAに視察に来るが、単なる個人の見聞を広めるために来ているに過ぎない。FEMAには本部スタッフが約五〇〇人、連邦一〇箇所、全国スタッフ約二千人を超える陣容を誇る。

④　災害対応計画、災害準備、応急対応、災害予防、災害復旧の在り方について、検討する必要がある。

⑤　災害訓練は、通常、下稽古が行われ、台本の技術の披露であることが多く、意思決定の練習になっていない。

⑥　訓練は即応計画、意思決定の過程の効果測定を意図したものになっていない。重大な即応計画の瑕疵《かし》が継続的に見逃しているのではないかと疑問を感じる。

（務台俊介、レオボスナー「高めよ！防災力」一六一頁、ぎょうせい　より引用作成した）

レオボスナーは危機管理の専門家だけに正鵠《せいこく》を射た指摘をしている。このような貴重な提言があるのにどうしたことか、マスメディアは広く報道しない。東日本大震災から六年が過ぎたが、今でもレオボスナーの指摘事項に学ぶべき点が多い。貴重な提言を真摯《しんし》に受けとめ、日本の国情に沿った危機管理体制の充実に努めていれば、東日本大震災で終始、後手に回ることなく、多くの損害を軽減できたと思う。

省庁縦割りでは一元的な危機管理は行えない

国は国としての自前の危険管理体制が必要だ。だが現状は、自衛隊等を除けば、地方自治体（消防、警察）の力に依存している。国は直接、指揮・命令ができないので、「要請」という用語を使う。「政府は危機的災害が起こると被災地に政府現地対策本部長を派遣し、国としての本部を設置し指揮をとる」と述べている。（西村康稔「命を守る防災・危機管理」プレジデント社）

だが、自前の部隊を持たないで指揮はとれないが、「指揮をとる」と述べている。いわば「人の褌《ふんどし》で相撲をとる」ようなものである。

政府は政府としての危機管理の専門部隊を持ち、地方自治体と連携し危機に対処する組織体制が必要だ。危機は国の力だけでは対応できない。地方自治体、企業、民力を含めた総合的な危機管理体制が求められている。省庁横断的な一元的な危機管理組織の整備が急務である。

これでいいのか日本の災害危機管理

政治学者・松下圭一は「危機管理」について次のように述べている。

「市民、ついで自治体から国までの政治家、また官僚をふくむ行政機構、とくに消防、警察、自衛隊など、あるいは保健所、病院、また水・エネルギー装置から交通機関、さらにマスコミまでを含めて緊急事態に不可欠なのは、国家緊急権といった神秘観念ではなく、日常の危機管理の熟度、さらには情報の整理・公開のスピード、について先見性をもつ法制・技術・組織の整備である。だが、そこでは、日本の政治家、官僚・職員における問題先送りの習性、さらに戦前からの省庁間での「分担管理方式」による「省益あって市民なし」のシクミによって、たえず法制・技術・組織の整備に立ち遅れる」。（松下圭一「転型期日本の政治と文化」岩波書店）

最近、久保信保（元総務省消防庁長官）は、自著「我、かく闘えり」（近代消防社）で、「危機が起これば消防士・警察官を一時的に国家公務員の身分に切り替え、国が直接指揮を執る組織制度が必要だ」と述べている。このような場当たり的・対症療法的な考えで国家の危機に対応しようとするのであるから無謀としかいえない。部隊を動かし指揮命令を行うには、平素から組織を通じて危機に備えた一体的な組織体制、人事管理、人間関係が重要だ。国の費用で購入したヘリコプターや消防車両が、自ら責任を持って維持管理することなく、地方自治体の都市消防を選び、貸与し維持管理費を含めて管理させている。危機や訓練で必要に応じて国が使用するのである。これでは危機管理の責務を果たせるとは思えない。

危機が起これば自治体の消防職員の身分を一時的に国家公務員に切り替えて、国が直接、指揮統率すればよい、とする姑息な考えを持つ元官僚がいるが、ここには、わが国の危機管理の貧しさがある。地位や権限だけで危機には対応できない。

組織を動かすには、「権限と財政」を持てば何でもできるといった驕《おご》りや安易な考えで国家的危機を乗りきることは難しい。

松下圭一は「法制、技術、組織の整備の立ち遅れ、問題の先送り、戦前からの省庁間の分担管理方式、日常の危機管理の熟度」が必要だと指摘しているが、全く同感である。

「危機的災害は、日常起こる災害の延長線上にある」。危機的災害が起きれば、どう対処すべきか、組織を通じて事前対策として危機管理能力、作戦、教育、訓練、装備等に習熟しておくことが重要だ。

自民党の坂本哲志委員が、消防庁長官は「素人長官」という片山元総務大臣（現・慶応大学教授）の就任時の言葉を引用して、「長官にはそれなりの経験が必要ではないか」と質問した。これは、「消防に関する事項」として、国政調査承認を要求することに協議決定した。（どういうものか分かりません）というものだ。参考までに彼のマニフェストには、「防衛、災害への備えとして」、「……消防団組織も国が大切に守っていかなければなりません。大災害に対しては、国が直接指揮命令を下し、そして災害復旧も国の仕事として責任を持つことが大切です」。また、「国と地方のキメ細やかな連携と役割分担が必要です」と書いてあったという。
消防庁長官に消防の現場経験が豊富な人材を求めるという趣旨は、国には実動部隊がないにもかかわらず、地方の消防部隊を統括指揮することを考えている。この議員の質問が「やらせ」とは思わないが……。
（「政策ウオッチ」……日経新聞平成二二年一二月による）。

国は消防庁を「政策庁」から「実施庁」へ転換しようと提言するOBや官僚がいる。このような質問が出てくるのも、「我、かく闘えり」（久保信保著）の主張と相通じるものがあるようだ。

西村康稔・元内閣副大臣は、「危機が起これば、政府の『現地災害対策本部』を自治体の災害対策本部に隣接する場所に設置し、自ら指揮本部長になる」。広島土砂災害・御嶽山大噴火・大雪対策等では、現地に赴き政府現地対策本部長として「指揮を執った」と述べている。
（西村康稔「命を守る防災・危機管理」プレシデント社）

指揮を執ることの意味をどう理解しているのか。「指揮」を執るには、指揮命令を行う部隊（組織体制）が必要だ。現地に赴き、自ら部隊を指揮するのであれば分かるが、実態はそうではない。被災地で「関係省庁、地元自治体、災害活動部隊、市民等との調整・確認の仕事をしているに過ぎない」。「指揮を執る」ことの意味が理解されていない。

指揮・命令は、権限に基づく単なる「言葉の発信」ではない。多くの部下の命の安全を預かり、平素における部下との人間関係、訓練、部下指導、指揮官に対する信頼度、指揮をとるリーダーとしての知識、経験、技量、人間性等の能力等が問われるのだ。

中国最古の孫子の兵法書には、「国君が軍事について心配しなければならないことが三つあると次のように述べている。

〔第一は〕軍隊が進んではいけないことを知らないで進めと命令し、軍隊が退却してはいけないことを知らないで退却せよと命令する、こういうのを、軍隊をひきとめるというのである。

〔第二は〕軍隊の実情を知らないのに軍事行政を〔将軍〕と一緒におこなうと、兵士たちは迷うことになる。

〔第三は〕軍隊の臨機応変の処置も分らないのに軍隊の指揮を一緒に行なうと兵士たちは疑うことになる。軍隊が迷って疑うことになれば、〔外国の諸侯〕たちが兵を挙げて攻め込んで来る。こういうのを、軍隊を乱して自分から勝利をとり去るというのである。

福島第一原発事故では、政府の首長・政府対策本部の海江田元大臣は、現場で活動する消防部隊の統括指揮官に暴言を吐き顰蹙《ひんしゅく》を買った。

「海水を使用せず真水を使え」、「消防は何をもたもたしているのか、自衛隊と交代せよ」といった現場・最高指揮官への指示命令。総理（首長）、閣僚が行った東京電力本社、現地管理者への理不尽な指示命令は現場を無視した行為であった。

現場の被災状況、危険の有無、災害活動の困難性は、現場の指揮官、管理者が一番よく知っている。災害現場は危険に満ちている。一つ間違えば指揮官、隊員の生死に係わる危険な事態を招く。政府対策本部と現地本部との機能分担を考えない上意下達の指示命令は、「危機管理」や「リーダーシップ」の基本原則に欠けていた。

国の危機管理の考え方は、災害危機はすべて中央集権のもとに指揮統率し危機を乗りきることを前提にしている。このような考えでは国民の安全を守ることは難しい。

侵略、テロ災害等の「国家緊急事態」を除けば、自治体を中心とした組織（市町村、都道府県、都道府県による連合組織）が中心となって危機に対応すべきだと思う。このことは、第二章　危機管理の基本・「2　危機管理組織と体制」で論じたい。

2　東日本大震災の教訓

教訓をどう捉えるか

「3・11大震災の教訓」を捉えるには、国、自治体、業態、団体等の性格や特質によって異なると思う。教訓とは「教えさとすこと」を意味する。東日本大震災では多くの人々が災害によって貴い命や財産を失った。福島第一原発事故では放射能による汚染、健康被害、風評被害、家や土地等が汚染され、今も厳しい避難生活を強いられている。このような巨大災害から私たちは何を学び、次世代に「何を教え、何を伝えるべきか」。教訓とは、このようなことを意味するのだと思う。一口に教訓を画一的に捉えることは難しい。

「一般財団法人　国土技術研究センター」が行った「東日本大震災の教訓のまとめ（リスト）」では、次の八項目を掲げている。

一　地震や津波の外力に関するもの（今回の津波、震災の評価、地震や津波の外力）
二　防災対策や復旧の在り方（減災対策の在り方、全般、救済、復旧等）
三　災害に強い施設整備の考え方（施設整備の考え方）
四　避難行動・計画・防災・体制計画の見直し（○避難行動、○情報、○防備・避難体制の構築、○防災意識、○防災教育等）
五　将来への巨大災害への備え、情報発信（○災害に対する研究・調査・記録の作成、諸外国への情報発信、○将来の巨大地震等への備え）
六　復興の基本的考え方、在り方（○復興（計画）の基本的な在り方、作成の在り方、○合意形成）
七　災害に強い国土、地域、都市の形成（○国土計画や都市計画、地域計画の在り方）
八　その他（○土地利用、住まい方、○復興の体制、しくみ、○原子力災害）

「東日本大震災マップ」の作成にあたり、体系化の切り口は様々な考え方があると思う。本マップは、ＪＩＣＥ（国土技術研究センター）の主観的な視座でまとめたもので、ひとつの整理例として捉えていただければ……」と、添え書きがある。

この教訓マップは、かなり、きめ細かに、しかも広範囲にわたり調査し、「教訓」として把握してある。

そこで、私は「災害危機管理」の観点から、次の一〇項目を教訓としてまとめた。

災害危機管理の原則からみた一〇の教訓

(1) 危機への備え（事前対策）・組織と体制
(2) 強いリーダーシップ・統率力
(3) 早期警戒と情報の信頼性
(4) 専門性
(5) 原発事故と抑止力
(6) 避難と安全
(7) 防災対策の見直し
(8) 防災教育の方針転換
(9) 自助・互助と人間の絆

⑽　災害活動と命の安全

以下、順を追って説明する……。

⑴　危機への備え（事前対策）・組織と体制

大地震の発生に伴い、政府は対策本部を設置したが、ことごとく後手に回り、内外から多くの不評を買った。「国家としての危機管理体制」ができていなかったことが最大の要因であった。

省庁縦割り組織のなかで、多くの関係者を集めて会議を開き、対策本部を次々と立ち上げた。原子力を担当する省庁は複数に及び、一三の委員会が設置された。

日本の危機管理は、災害活動を行う部隊の指揮官が対策本部に参画していない。対策本部は会議や調整等で貴重な時間を浪費する。これでは危機の状況に応じた迅速な対応は難しい。サリン事件に類似した事件が起これば、どう対応するのであろうか。

9・11事件の当時、ジュリアーニNY元市長がとった臨機応変な果敢な行動に多くの人々の賞賛を博した。テロ災害が起これば会議どころではない。どう判断し、どう行動するかがトップリーダーに求められる。日本の危機への対応は、残念ながら遅れている。

⑵　強いリーダーシップ・統率力

東日本大震災が発生した直後の新聞報道では、「官邸、指揮立て直し急ぐ」、「首相、指導力発揮に躍起」、「政府、場当たり対応」、「曖昧な指示で混乱」、「責任回避に批判相次ぐ」、「原発と広域災害、官邸迷走」、「情報さばけず支援遅れ」（日経）といった見出しが続く。

原発事故では、首相自らが細々とした指示を出す等、「菅政権が持つ危うさ」を指摘する声が相次いだ。

緊急災害対策本部、原子力災害対策本部、電力需給緊急対策本部等、政府内に二〇近くの会議体が乱立し、実動部隊は「会議漬け」になっている。（日経二〇一一年四月一四日）

この状態は、①国に「事前対策に基づく危機管理体制」ができていなかったこと、②一国を代表する首長、閣僚に「リーダーシップ」や「マネジメント力」が不足していたこと。第三章の「危機とリーダーシップ」で更に論じたい。

(3) 早期警戒と情報の信頼性

東日本大震災では、阪神淡路大震災と同様、早期警戒情報の把握に遅れをとり、過去の教訓は活かされなかった。

大震災が起こった三月一一日、午後七時四五分の記者会見で、枝野官房長官は、「放射能が漏れるような状況ではない。予防的措置だ」と繰り返し、住民らに「特別な行動を起こす必要はない」と呼びかけた。しかし事態は悪化する。午後九時二三分。菅首相は「福島第一原発から半径三キロメートル以内の住民に避難命令、三〜一〇キロメートルの住民に屋内退避」の指示を出した。さらに午後九時四一分には「避難する場合は一〇キロ㍍より遠くに」との指示を追加した。枝野長官は午後一〇時、再び記者会見を開き、「避難は念のための措置、環境に危険は発生していない」と強調。混乱の回避に力を入れた。国民に混乱しないように呼びかけた同じ時刻に、原子力・安全保安院は二号機の今後について深刻な予測結果を出していた。

＊二二時五〇分　炉心露出
＊二三時五〇分　燃料被覆管破損
＊二四時五〇分　燃料溶融

東日本大震災では、国内のマスメディアと海外の情報との間に大きな情報の食い違いが生じていた。政府、行政機関、原発関係の専門家、マスメディアが公表する情報に国民は疑惑を感じ、やがて信頼しなくなった。情報の信頼性をいかに取り戻すかが、今後の課題である。

(4)　専門性

原発施設は安全だといわれてきた。だが、東京電力・福島第一原発事故は、思うように制御できず後手に回る失態を演じた。

原子力安全・保安院は、名のとおり原子力の安全や保安にあたる監督官庁だが、自ら主体性を持って監督官庁としての責務を果たさず、東京電力に依存した。

「どういう状況なんだ」、「原発はどうなるんだ」。官邸五階の執務室で、首相の菅直人はいらついていた。「君は原子力の専門家なのか」と声を荒らげる菅に、原子力安全・保安院長の寺坂信明は「私は東大の経済学部出身です。専門家ではありません」と返すのがやっとだった。（東京・二〇一四年六月四日）

原子力という巨大エネルギーの安全を担う原子力安全・保安院のトップに、専門的知識や技術力のない人を位置づけていたのである。このようなケースは他にもある。

国、地方自治体には、専門性や経験のない人を重要ポストに就けている例が少なくない。私の知る範囲では、消防庁長官、消防大学校校長、府県の消防学校長等は、いずれも消防の実務経験や知識のない人がトップに就いている。昔の火消し消防であればいざ知らず、現代の消防は、素人でも務まるほど専門性や経験を必要としない職種ではない。先進国のなかで日本の消防は決してトップレベルではない。消防組織の在り方を抜本的に見直さなければ、二一世紀の消防の発展は望めない。

(5) 原発事故と抑止力

東京電力・福島第一原発事故は起こるべくして起こった人為的災害であった。事故発生後、今も汚染水を海洋に垂れ流し、終息の目途は立っていない。原子力は人間の手で「安全管理の徹底を図ることは不可能なことだ」と思う。

東京新聞（二〇一四年八月一八日）は次のように報じている。

「福島第一原発事故が起こる約三年前、勝俣恒久元会長が出席した社内会議で、高さ一四㍍の大津波が福島第一を襲う可能性があると報告されていた」ことが三一日に公表された東京第五検察審査会議決で分かった。

「被害想定」は、人の考え方一つでどうにでも変えることができる。阪神淡路大震災では、神戸市は被害想定を低い数値に変えていた。権限を持つトップの考え方一つで、どうにでも変えられるのである。被害想定でいう「想定」とは『ある一定の状況や条件を仮に想い描くこと』（広辞苑）を意味する。災害に対し、「想定内」、「想定外」といった曖昧な用語で推し量るべきではない。「過去に起こった最悪事態の災害」を被害想定の指標にすべきである。このことは「第七章　原子力と危機管理」で更に論じたい。

⑹　避難と安全

東日本大震災では避難に関する貴重な事例・教訓が多い。

○大津波警報発令と避難

○原発事故に伴う避難の情報伝達

○消防団員の災害活動と避難

○指定避難場所の安全性
○帰宅困難者
○被害想定との関係
避難と安全については「第五章　自主防災と地域社会の安全」で更に論じたい。

(7) 防災対策の見直し

東日本大震災では、「指定避難場所」に大津波が押し寄せ貴い命が奪われた事例が多い。原発の安全神話を信じてきた多くの人々は甚大な被害を被った。国、地方自治体等は、法令に基づいて防災対策を講じてきたにも拘わらず、何故、このような甚大な被害を被ったのか、災害の教訓を真摯に受け止め、これまでの防災対策の在り方を検証し、見直すべきところは、進んで見直す必要がある。

自然災害とは何か。「自然が人間に災害をもたらすのか」、「人間が自ら災害を創り出しているのか」、防災対策の在り方を考え直すことが重要だ。

被災地の惨状を見るにつけ、「自然は生き物だ」と思えてならない。

地殻は常に一定ではない。地殻変動により地震や津波が起こる。マグマが溜まれば噴火し溶岩を地表に吐き出す。集中豪雨があれば大量の水や土砂が一気に斜面を駆け下る。自然が必要とする活動領域に人間が居住し、経済活動を営めば、人間社会に大きな被害をもたらすのは必然の理である。このため人間は自然との関係において、自ら厳しいルールを設ける必要がある。

「天災は忘れた頃にやってくる」で著名な寺田寅彦は次のように述べている。

「文明が進むに従がって、人間は次第に自然を征服しようとする野心を生じた。そうして、重力に逆らい、風圧水力に抗するようないろいろな造営物を作った。そうして、あっぱれ自然の暴威を封じ込めたつもりになっていると、どうかした拍子に檻《おり》を破った猛獣の大群のように、自然が暴れ出して高楼を倒壊せしめ堤防を崩壊させて人命を危うくし財産を滅ぼす。その災禍を起こさせたもとの起こりは、天然に反抗する人間の細工であると言っても不当ではないはずである。災害の運動エネルギーとなるべき位置エネルギーを蓄積させ、いやが上にも災害を大きくするように努力しているものはたれであろう文明人そのものなのである」。

（寺田寅彦「天災と国防」一二～一三頁）

含蓄のある言葉である。人間が住んでは危険な場所や地域は厳しく規制する必要がある。

(8)　防災教育の方針転換

東日本大震災を教訓に中央教育審議会が行った「学校安全に関する答申（平成二四年三月二一日）は、「教える教育」から**「生徒一人ひとりが自ら判断し行動する実践的な教育」**への方針転換であった。「子どもの安全をいかに守るか」を対象とした答申であるが、子どもだけの問題だけではない、学生、大人、高齢者、家庭、地域社会も又自ら判断し行動することのできる社会を目指す必要がある。

米国では社会教育の一環として、幼児・子供の成長段階から「リスク・ウオッチ」教育が行われている。残念ながら日本は立ち遅れている。大人になってから災害リスク教育を行ってみても遅過ぎる。次世代を担う若者たちは、長い人生航路において多くの災害に出合うだろう。このことを考えれば幼児の段階から教育を行うことは重要なことである。

これからの日本の防災教育は、大人も子供も**「災害リスク教育」**に重点を置く必要がある。「第六章　災害リスク教育のすすめ」で更に論じたい。

(9) 自助・互助と人間の絆

東日本大震災では、大津波によって多くの人々が犠牲になった。着の身着のままで避難した多くの人々の中には、人間の絆の重要性を身に沁みて感じた方が多かったと思う。このことは多くの書籍や資料から伺い知ることができる。

核家族化や、高齢化社会が急速に進むなかで、自助、互助の絆が希薄化している。災害が起これば、国や自治体が助けに来てくれるだろう、助けを求めれば手を差し伸べてくれるだろう、といった甘い考えを持つ人々が少なくない。災害が起これば公的機関は、すぐには来てくれない。頼りになるのは自分であり、家族であり、近隣の人々である。

「行政に頼らない」、**「自らの安全は自ら守る自律心」**、**「他の人の安全のために力を尽くす心と実践力」**がこれからの社会にとって一層、重要になる。「第五章　自主防災と地域社会の安全」で更に論じたい。

⑽　災害活動と命の安全

東日本大震災では、災害活動で多くの消防団員が犠牲になった。これほど多くの殉職者を出した事例は近年の大災害では見当たらない。国、自治体では、この問題を重視した安全対策の在り方が検討されているようだ。市町村の役場職員、消防・警察・自衛隊員も災害で殉職された。「災害活動に携わる方々の安全対策」は極めて重要で検討すべき課題が多い。

第二章　危機管理の基本

1　危機管理とはなにか

危機管理の概念

日本の社会は石油危機、財政危機、金融危機、災害危機、食糧危機、電力危機等、多くの危機を経験してきた。しかし「危機管理とは何か」、という問いに対し、明確に応えることのできる人は少ない。危機管理が専門の有識者の考えや説明もさまざまで統一した定義や解釈は見当たらない。このような現状にも拘わらず、政府・地方自治体の組織には危機管理監という職名や危機管理部といった組織名ができている。危機管理に関する法令がない状態で、危機管理に関する仕事をする人々は、互いにどのようなコンセンサスの下で仕事をしているのであろうか。

関西大学名誉教授　亀井利明（故人）は……

「危機管理はリスク中の異常性の強い巨大災害、持続性の強い偶発事故、政治的・経済的あるいは社会的な難局などを対象とする。それゆえ危機管理とは家計、企業あるいは行政（国家）が難局に直面した場合の決断、指揮、命令、実行の総体をいう」。（亀井利明「危機管理とリスクマネジメント」同文館）と述べている。

米国の危機管理学者、アイアン・ミトロフ教授は、「重大な危機とは人命・資産・収益・社会的評価・健全性に大きな衝撃をあたえるものを指す」と述べている。

（アイアン・ミトロフ／上野正安・大貫功雄訳「クライシスマネジメント」）

危機管理の沿革

「危機管理」、「リスクマネジメント」は、どのような歴史的沿革を経て今日に至ったのか、簡潔に触れておきたい。

「危機管理」という用語が使われるようになったのは、キューバ危機（一九六二年一〇月）以降のことだといわれている。危機を予知し、危機を予防・回避する、不幸にして国家緊急事態が起これば、いかにして損害の発生を最小限度にとどめるかについての管理手法が「危機管理」の始まりだとされている。

石油危機（一九七四）、グリコ・森永事件（一九八四）、湾岸戦争（一九九〇―一九九一）、バブルの崩壊・株価暴落（一九九〇）、阪神淡路大震災、サリン事件（一九九五）、アジア通貨危機（一九九七）、同時多発テロ（二〇〇一）等が起こるに伴い、マスコミ用語として「危機管理」という用語が使われるようになり一般化するようになった。

「危機管理」という用語を使う対象はかなり多様化している。国家や自治体、企業、地域社会、家庭、個人によって危機の対象は異なる。阪神淡路大震災では、大災害時にメガネや入れ歯を紛失した人が危機的状態となり、「危機管理」という用語を用いたという。

アメリカ大統領府は、一九七一年、「危機管理システム＝Emergency Management Information System」を開発し、危機管理への対応を図った。この頃、わが国も危機管理について議論されるようになったが、具現化することなく今日に至っている。

日本の社会では、「危機管理」、「リスクマネジメント」の用語が、日常茶飯事使われている。このためか、「リスクマネジメント」は「危機管理」だと理解する人が少なくない。確かに英和辞書には、リスクマネジメント＝危機管理と説明している辞書もある。（ジーニアス英和辞典）

だが、一般的には「危機管理」と「リスクマネジメント」は、区分して用いられている。

なぜ、危機管理は漢字で、リスクマネジメントは片仮名を使うのか、どちらかに統一できないのか、と問われることがある。また「リスクマネジメント」を日本語で、「危険管理」と、する有識者もいる。だが危険管理という用語は普遍的に使われていない。両者の使われ方の違いは、沿革的にみて歴史的な違いがあるようだ。

危機管理は、キューバ事件を契機に、マスコミが「危機管理」という用語を使い始め、これが日常化するようになったといわれている。これに対し、「リスクマネジメント」は、「危機管理」よりもはるかに歴史が古く、一九二〇年代、ドイツの危険政策、一九三〇年代のアメリカの保険管理に端を発したとされている。（亀井利明監修「リスクマネジメント・用語辞典」同文館）「リスクマネジメント」は、略して「リスク管理」と呼称する場合があるが、広く行き渡った用語として用いられていない。

「危機管理」と「リスクマネジメント」との関係

「危機管理」（クライシスマネジメント）、「リスクマネジメント」は、日常的に使われるが、両者の違いはどこにあるのか。重要なことなので敢えて繰り返す。

亀井利明・名誉教授は……

「リスクマネジメントと危機管理はどう違うのか、ということが往々にして問題となる。しかし、どちらも危険克服の科学や政策で、そのルーツを異にするに過ぎない。強いて区別するならば、リスクマネジメントはリスク一般を対象とするのに対し、危機管理はリスク中の異常性の強い巨大災害、持続性の強い偶発事故、政治的・経済的あるいは社会的な難局などを対象とする。それゆえ、危機管理とは家計、企業あるいは行政（国家）が難局に直面した場合の決断、指揮、命令、実行の総体をいうが、とくにリスクマネジメントと異なるところはなく、その中の一部を構成しているにすぎない」と述べている。

（亀井利明「危機管理とリスクマネジメント」七頁・同文館）

「両者の概念は異なる」とする説

元内閣安全保障室長・佐々淳行は「クライシスマネジメント」（危機管理）と「リスクマネジメント」（危険管理）はまったく異なる概念だ、と次のように説明している。

●クライシスマネジメント（危機管理）では、「予測が不能」であるのに対し、リスクマネジメントは「予測が可能」である。

●クライシスマネジメントは、「先例・前例は存在しない」が、リスクマネジメトでは「先例・前例は存在する」。

●クライシスマネジメントは、「処理・判断時間が短い」のに対し、リスクマネジメントでは判断時間が長い」。

●クライシスマネジメントは、「マイナスを縮小する」のに対し、リスクマネジメントの考えは

「マイナスを防ぐ」ことにある。

●トップの判断は、クライシスマネジメントでは、「決断」であるのに対し、リスクマネジメントでは、「決裁」である。

（佐々淳行著・人事院公務員研修所監修「危機管理」公務員研修双書　二二五頁、ぎょうせい）

両者の違いを考察すると前者の説に多くの妥当性がある。私はこの説に従っている。大地震、大火災、雪害、集中豪雨、旅客機・船舶・列車事故等、人命・財産に甚大な被害をもたらす災害は、日常生活や経済活動のなかで起こっている。巨大化した災害を危機として捉え、対処するのが危機管理である。従って、「危機管理」と「リスクマネジメント」は、全く性格を異にするものではない。日常、起こる災害の延長線上にある規模の大きな災害を危機管理とするのが妥当な解釈だと思う。

○佐々淳行は、危機管理は「予測が不能」。リスクマネジメントは、「予測が可能」だという。だが、「リスクマネジメント理論」にはこのような区分は見当たらない。

○トップの「決断」「決済」「先例」、「前例」、「処理判断」について、「クライシスマネジメント」と「リスクマネジメント」の使い分けが理解しにくい。

第1図　平時の災害・危機的災害

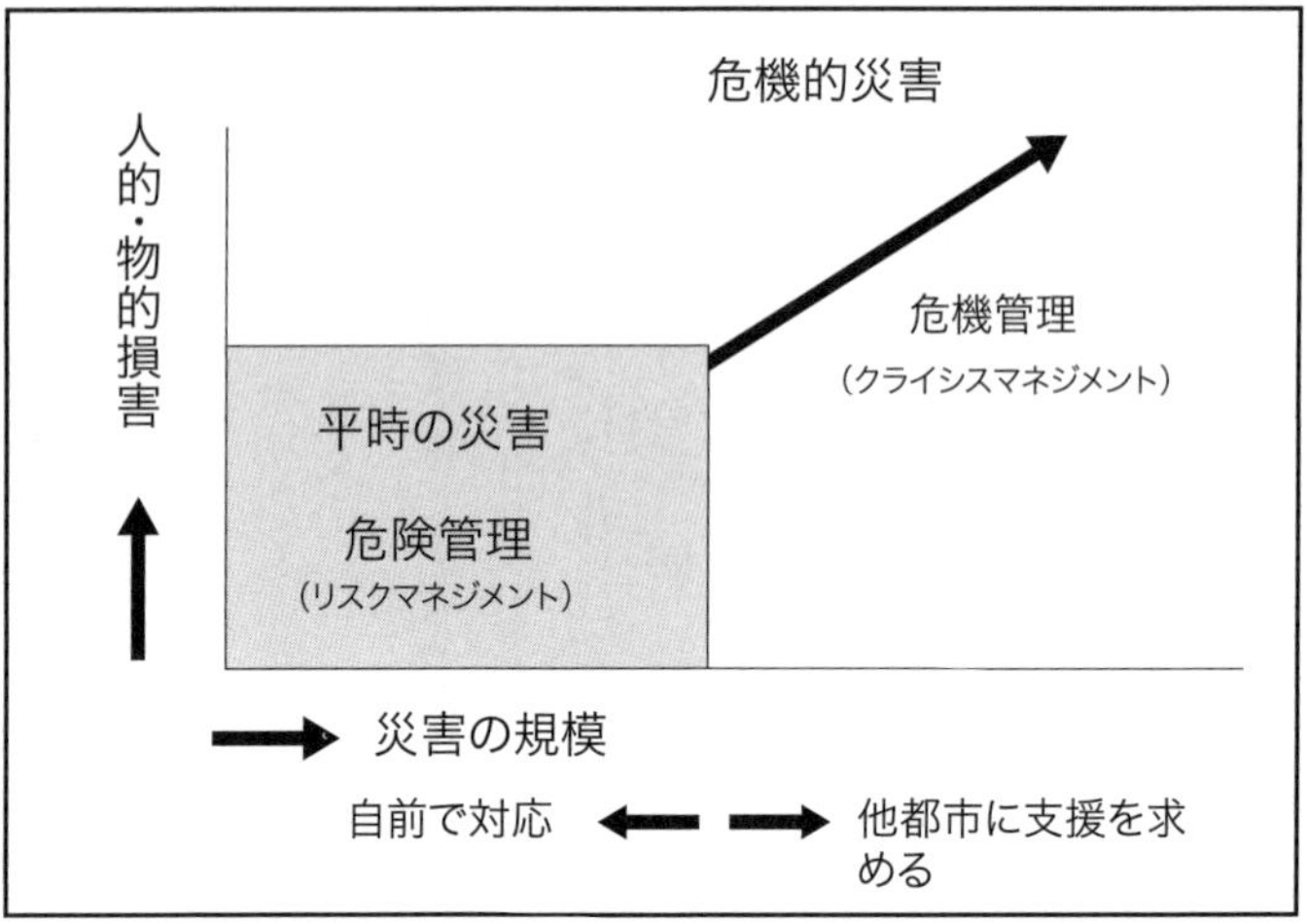

（著者作成）

○佐々淳行は、『ハイジャックは何回起こっても全部条件が違い、全部対応が違うので、クライシスマネジメントには「必勝の方程式」がない』という。こうなると、「クライシスマネジメント」は予測が不能、だから対策が立てられない、このため必勝の方程式がない、ということになる。

災害や事故に対し、一市町村の自前の防災力で対応できれば「危機的災害」とはいわない。他都市からの支援を必要とする状態は、「危機的災害」である。

純粋リスク・投機的リスク

「リスクマネジメント」では、学問上、「リスク」を「純粋リスク」、「投機的リスク」に区分している。「純粋リスク」は、地震、大津波、火災、爆発、水害、台風、大規模な人為的災害等、もっぱら損害の発生に対し、リスクの予防・回避、損害軽減を目的としている。

これに対し、「投機的リスク」は、土地、建物等の不動産、株式、債券等の金融取引等によって生じる利益・損害を対象にしたリスクをいう。本書は、「純粋リスク」を対象にしている。

2　危機管理の組織と体制

組織の一元化・横断的な組織管理

いかなる組織においても、組織全体を統括管理し指揮命令を行うには組織の一元化が重要である。アンリ・ファヨルは管理論で、「管理とは、予測（計画）し、統制することをいう」と述べている。（Hファヨル／山本安次郎訳「産業および一般の管理」ダイヤモンド社）

ファヨルは、組織管理を行うには「一四の原理が必要だ」と述べている。この原理の中に「命令一途の原理」、「指揮統一の原理」がある。

「命令一途の原理」とは「職務担当者は、どんな行為をするにしても、ただ、一人の管理者からのみ命令を受けなければならない。この規則が破られれば、規律は損なわれ、秩序は乱され、安定は脅かされる。」

「指揮統一の原理」とは「同一の目的を目指す諸活動の全一体は、ただ一人の指揮者とただ一つの計画をもつべきである。これは「行動の統一」、「諸力の調整」、「努力の集中」のための必要条件である。」と述べている。

東日本大震災では、政府対策本部を内閣府に設置したが、必要情報が得られないので、東京電力の対策本部と統合した。国としての独自の情報収集能力に欠けたため、東京電力の情報に依存せざるを得なかったのである。

官と企業と一体化した対策本部を設けたため、国と企業（東京電力）との責任領域が曖昧になった。このため指揮命令系統は著しく混乱し、この弊害は今日に及んでいる。

危機管理を行う組織は官民を問わず一元的な組織管理の下で行うのが基本原則である。企業であれば、社長の側近にリスクマネジメントの統括管理者を置き、各部門長を通じて企業内全体のリスクマネジメントを統括する。これが基本原則である。東日本大震災、阪神淡路大震災等、過去の大災害を顧みると、国にはこのような危機管理システムができていなかった。

危機管理行政を担当する専門省庁がない状態で起こった福島第一原発事故は、組織管理の脆弱さを物語る記録が随所に残されている。

危機管理ポストの位置づけ

官民を問わず、危機管理ポストは、組織のトップに最も近いポストに位置付けるのが基本原則である。県や市であれば、知事や市長の側近に位置付ける。企業であれば社長、副社長等に近いポストに危機管理・統括マネージャー、危機管理担当者を置き、組織全体のリスク管理を行うのが基本である。だが現状は、官民を問わず多くは部長、課長ポストに位置付けているところが少なくない。

局長・部長・課長ポストに危機管理担当者を置くのはなぜ不適切か、この理由は、局・部・課のポストは横並びに多数のポストがある。このため「命令一途の原則」に基づき上意下達、指揮統率、指示命令等が迅速にして責任ある行動がとりにくいからである。

平成二六年八月、広島市で起こった土砂災害では、委員会を設置し、避難指示・勧告を巡って検討した結果、危機管理を担当していた市の消防局・危機管理部は、その後、組織替えになった。どのような危機管理組織を設けてみても現在の気象庁が発表する予報に基づき集中豪雨を的確に判断し、市民に対し避難指示を行うことは至難の業である。この問題は本章「5　過去の災害に学べ、土砂災害と市民の安全」で述べる。

リーダーシップとマネジメント力

内閣、自治体の首長、企業経営者等は危機管理を行う上で、強い「リーダーシップ」と「マネジメント力」が必要だ。いかに危機管理組織が万全であっても、この二つが欠ければ指揮統率は難しい。

あえて繰り返すが、東日本大震災は事前対策のない状態で危機的災害が起こった。しかも統括指揮するトップリーダーは、組織全体を把握し指示・命令を行うべき立場にありながら、首長、関係閣僚らは政府対策本部の名のもとに、東京電力本社役員、現地の部隊の指揮官、原発施設管理者に直接、指示命令を下し混乱を招いた。

組織は単なる指示・命令で動くものではない。リーダーは冷静な判断のもとに、危機や不安に陥った部下を勇気づけ、安全を考え、組織集団の士気を高めるのが、リーダーとしての責務である。「権力と財力」さえあれば何でもできると考える政府、官僚が多い。金と権力だけでは組織や人は動かない。「第三章　危機とリーダーシップ」で更に論じたい。

職務の専門性

危機管理は官民を問わず、専門性を持ったスタッフを配置することが重要だ。だが、国には危機管理の専門省庁がない。また、専門性を持った危機管理職員が極めて少ない。

ここで、もう一度、「第一章のレオボスナーの提言」（二八頁）で述べた「危機管理の専門職員が少ない。人事異動で交代する、危機管理業務を敬遠する。日本から何百人とＦＥＭＡ（連邦緊急事態管理庁）に視察に来るが、単なる個人の見聞を広めるに過ぎない。」を想い起こしていただきたい。

国は危機管理の組織体制や専門集団を構築し、職務権限の領域を明確にする必要がある。東京電力では原子力の安全性について意見を言う社員は、社内ではウソを言うといって嫌われ、パージされたという。原子力安全保安院・院長は、原子力に関する知識、技術力のない方であった。専門性を軽視する風土は是非とも改めなければいけない。

サンフェルナンド大地震では多くの高速道路が倒壊した。この映像を見た日本の専門家たちは、日本ではあり得ないことだと失笑したというが、阪神淡路大震災では高速道路がものの見事に倒壊した。危機管理に過信は禁物である。

危機管理の仕事は片手間では行えない

危機は滅多に起こらない、だから危機管理の仕事を専業として組織に位置付けるのは経費の無駄だと考える為政者、官僚がいるならば、それは大きな誤りだ。

危機が起これば会議を開き、即、災害活動に移れないようでは損害の軽減は図れない。あえて繰り返すが、危機は平時に起こる災害の延長線上にある。専門的な組織、要員の養成確保等は、国、自治体、企業等にとって重要な課題である。

危機管理とバックアップ体制

東日本大震災では国が先頭に立って全力を尽くした。だが、私が最も懸念したのは、危機が起きれば国が先んじて陣頭指揮を執ることであった。

危機が発生した最中に、突然、他都市で巨大地震やサリン事件のようなテロ災害が起こったならば、政府はどう対処するのであろうか？　今でもこのことが頭の片隅から消え去ることがない。

「それはお前の考え過ぎだ！」と言って笑う人がいるかも知れない。だが過去の記録によれば、M七〜八クラスの大地震が相次いで起こった記録がある。

一八五四年
　一二月二三日、安政東海地震、M八・四
　　二四日、安政南海地震、M八・四
　　二六日、豊予海峡地震　M七・四

至近な例では、
二〇一五年
　五月二九日、鹿児島県・口永良部島・新岳が噴火（九時五九分）。
　　屋久島町は一〇時一五分、島全域に島外への避難指示。
　五月三〇日、小笠原諸島西方沖地震、M八・一が発生。

口永良部島の噴火では、島全域の島外への緊急避難となった。翌日、発生した小笠原諸島西方沖を震源とする地震はM八・一であった。東京都小笠原村、神奈川県二宮町は、震度五強。埼玉県鴻巣市、春日部市、宮代町は震度五弱であった。いずれの災害も大事にはいたらなかったが、仮に大都会で震度六〜七の地震が相次いで起これば、政府はどう対応するのであろうか。

テロ災害、外国からの侵略等を除けば、自治体（都道府県・市町村）、自治体による広域組織が中心になって対応し、政府は後方支援体制で臨むのが最善の方法だと私は思う。

国際社会、国内を問わずリスクは常に変動する。連続して起こる危機に対し柔軟に対応できる組織体制が必要だ。国が先頭に立てば複数の危機的災害に対し、継続的に持ちこたえることは難しい。大規模な災害になればなるほど、国のバックアップ体制が重要になる。最後の砦となるのは国でしかないからだ。

自治体には危機に対応する能力や力がないと考える為政者や官僚が少なくない。だが、過去の大災害を顧みると、国が行う危機管理は、常に後手に回り、自治体や国民に模範を示すような危機管理が示されてこなかった。

明治以来の中央集権的な発想はこの辺で切り替え、地方自治体を中心とする危機管理体制の充実強化が必要だ。権限と財政を地方に移譲すれば十分に危機に対応することができる。自治体の危機への能力が高まれば、それだけ国家全体の危機管理能力が向上する。国がトップリーダーを続ける限り、都道府県・市町村の危機管理能力は従属的になり能力は向上しない。

国はテロや侵略等の災害を担当し、他の危機的な災害は自治体に任せ、国は後方支援、調整的な役割を担うようにするのが、これからの社会にとって重要だと思う。

早期警戒情報体制

大地震、テロ、大津波、原発事故、集中豪雨、竜巻、噴火等の災害では、早期警戒情報体制が何よりも重要だ。早期に警戒し、危機の発生に即応体制がとれるかとれないかで結果は大きく異なってくる。東日本大震災では大津波警報、福島第一原発事故に伴う迅速にして正確な情報が公開されなかった。このため警報の発令、避難指示が遅れ多くの損害を被った。

正しい情報が迅速に報道されないことに苛立つ外国メディアは、痛烈に日本を批判した。この背景には、日本政府をはじめ国の情報をそのまま受けて報道するマスメディアの体質にある。危機管理で重要な「早期警戒情報体制」の欠如、真実の情報を隠蔽《いんぺい》することによって、日本政府やマスメディアは諸外国から信頼を失った。

オウム真理教によるテロ事件では、坂本弁護士一家殺人事件（一九八九年一一月四日）。東京・亀戸で教団建物から異臭の発生（一九九三年六月～七月）。松本サリン事件（一九九四年六月二七日）。東京・地下鉄サリン事件（一九九五年三月二〇日）。山梨県上九一色村・オウム真理教の施設から有機物質のペプトンが大量に押収（一九九五年三月）される事件が起こった。いずれの事件も対症療法的に処理したため、個々の事件を相互に結びつける情報解析やネットワークが欠けていた。

米国で起こった９・１１・同時多発テロ事件は、初めての事件ではなかった。最初のテロ事件は、世界貿易センタービルの・爆破事件（一九九三年五月）であった。ＣＩＡ、連邦緊急事態管理庁、国防省、国務省等の関係機関が連携して、『早期警戒情報体制』が採られていれば、9・11・同時多発テロ事件は防ぐことができた、といった意見もある。

迅速・的確な情報把握と報道

危機的災害に対処するには、信頼性のある的確な情報を迅速に把握し報道することにある。危機管理は先手必勝である。情報把握が遅れれば、それだけ甚大な損害を被ることになる。

ヘリコプターによる鳥瞰《ちょうかん》的な被災状況の把握、地域ブロックごとの情報把握、防災無線、アマチュア無線、自転車やオートバイによる状況把握、タクシー等運輸会社の無線、情報収集の在り方について平素から研究し訓練を重ねることが重要だ。

東日本大震災や阪神淡路大震災では、FM放送が大きな役割を果たした。

市民にとって必要な情報

① 取るべき行動
② 危険情報
③ 避難に必要な情報
④ 安全確保のための情報

報道発表のための手順

⑤　対策本部の設置場所
⑥　マスコミ等への報道発表を行う場所
⑦　収集した情報の整理、発表すべき報道内容の作成、訓練
⑧　発表者は、誰が行うのか
⑨　報道発表はいつ行うのか、時間の経過と報道発表

等は事前対策で明確にしておく。

情報の信頼性

東日本大震災では津波到達後、テレビは津波のニュースを流した。突然、荒浜海岸に二百人から三百人が打ち上げられていると字幕スーパーが流れた。しかしこれは誤報であった（仙台消防・7頁）。

この大地震があって数日後、神戸市に住む友人から私のところにメールが届いた。「ドイツに住む息子からの情報によると、日本の原発事故情報と、こちら（ドイツ）で報道されている情報とはかなり異なる」とのことであった。当初は、情報の内容が分からず、そのままにしていたが、日が

経つにつれ、日本国内で流れている情報に疑念を感じるようになった。情報が日々混乱し始めたのである。

国民に不安を与えないように、政府が情報を隠蔽《いんぺい》しているのではないかといった疑義が生じてから一年が過ぎた頃、ニューヨーク・タイムス東京支局長　マーティン・ファックラーは「本当のことを伝えない日本の新聞」（双葉新書）が出版された。ここには、福島第一原発事故をめぐる情報が錯綜《さくそう》しはじめた直後から、「『東京電力や原子力安全・保安院、菅直人内閣はどうも真実を口にしていないらしい』という不信感が世界的に広がっていった。彼らの信頼性は、ほとんどゼロに等しかったといっても過言ではない」（同書五五頁）と述べている。

福島第一原発事故では一～三号機で起こったメルトダウンは、現在では既成の事実となったが、事故が起こった当初は、政府も東京電力もこの事実を公にせず、ひたすら隠し続けた。

原発一号機のメルトダウンを正式に認めたのは、原発事故発生から二か月後の五月一二日であった。だが、原子力・安全保安院の中村幸一郎審議官は、一号機が爆発した三月一二日の記者会見で、「炉心は溶融した」と述べている。

信頼性のある情報を迅速に伝達することは、「警報に基づく安全避難」、「住民不安の抑止」、「風評被害の拡大阻止」を図るうえで極めて重要だ。政府はＳＰＥＥＤＩによる情報を活用しなかった。このため福島県浪江町の住民は、放射線量の最も高い地域に避難させられ被害を受けた。

前述したNYタイムズ東京支局長マーティン・ファックラーは「日本のメディアは、まるで官僚制度の番犬のようだ」と述べている。なるほどうまいことを言う。

政府や自治体の権力を持つ行政機関に張り付き、提供される情報や報道を批判することなく、そのまま報道する。一般紙はどの新聞もほぼ同じような記事を掲載していた。自分の足で稼ぐことなく、お上からもらった情報を載せているに過ぎない。マーティン・ファックラーは日本の一般紙は、独自性のある新聞は数社に過ぎない。と述べている。

情報を受け取る国民や自治体は、このような現状にどう対処すればよいのであろうか。できるだけ真実を正しく報道する新聞を選択するか、外国の情報や信頼できる知人の情報に頼るしか方法はないと思う。

ファックラーは日本の新聞について、「個人として注目しているのは「河北新報」だ。(略) 3・11をめぐる報道では地元住民の息遣いが聞こえてくるニュースを数多く発信し、素晴らしい調査報道記事を載せて全国的に存在感を示した。二〇一一年度の日本新聞協会賞を受賞している。(略) 河北新報、琉球新報はその地方のニュースに重点を置き、東京に拠点を置く東京新聞が政治のニュースに力を入れるといった大胆な棲み分けをしてもいい」と述べている。

危機管理を行ううえで重要なことは、一方向の情報だけに偏らないことである。反対を唱えるマスコミには、軽視することなく関心を寄せる必要がある。3・11の大震災以降、私は東京新聞に切り替えた。購読してみて感じたことは、他紙と異なり、国民サイドに立った論評が多い、国家権力に立ち向かうのがマスメディア本来の使命である。実践的に役立つ危機管理は、正しい情報を得ることから始まるのである。

悪い情報は迅速にトップに伝えよ

危機的な災害の発生、職場の不祥事、犯罪の発生等、悪い情報は素早くトップに伝えることが重要だ。トップが喜ぶ情報だけを伝える職場は、リスクの大きな職場だ。

トップへの迅速な情報提供が遅れると、災害活動に伴う指示命令にも大きく影響する。マスコミが一気にトップのところに押し掛け、質問を浴びせかける。何も知らないトップは「ノーコメント」を繰り返す。無責任な答弁をすれば、大きなひんしゅくを買うことになりかねない。

一般に不祥事や事故情報は外部に漏れないように隠蔽《いんぺい》しがちである。だが、「悪い情報こそよく走る」ではないが、隠し通せない。組織の幹部が機密維持をしていても、下部組織は口にこそしないが、広く知れ渡っている場合が少なくない。

マスメディアへの情報提供が遅れれば遅れるほど、マスコミは苛立つ。情報を隠せば、組織ぐるみで隠蔽しているのではないかと勘繰られ、組織が被るダメージは一層、大きくなる。過去の狂牛病問題、三菱自動車のリコール問題、雪印乳業の食中毒事件等はその一例である。

＊　東京新聞（二〇一五年四月八日付）によると「国内の原発が戦争やテロなどで攻撃を受けた場合の被害予測を、外務省が一九八四（昭和五九）年、極秘に研究していたことが分かった」。原子炉格納容器が破壊され、大量の放射性物質が漏れだした場合、最悪のシナリオとして急性被曝で一万八千人が亡くなり、原発の約八六キロ圏が居住不能になると試算していた。研究では東京電力福島第一原発事故と同じ全電源喪失も想定していたが、反原発運動が広がることを懸念し公表されなかった。

報告書は出力百万キロワット級の原発が攻撃されたと仮定。原発の場所は特定せず、①送電線や発電所内の非常用発電機がすべての電源を失う。②原子炉格納容器が爆撃され、電気系統と冷却機能を失う。③格納容器内部の原子炉が直接破壊され、高濃度な放射性物質を含み核燃料棒などが飛散する、三つのシナリオで検証した。（略）もっとも被害が大きい③の原子炉破壊については「さらに過酷な事態になる恐れは大きいが、詳しい分析は容易ではない」と紹介。福島原発事故と同じ①の全電源喪失では、実際に起きた水素爆発の可能性に触れ「被害が拡大する危険性がある」と指摘しており、報告書が公表されていれば、事故の未然防止や住民避難に役立った可能性がある」。

外務省によるこのような貴重な調査報告書は、反対運動を恐れたのか、長年、国民やマスコミに公表されなかった。わが国の危機管理の貧しさを物語っている。

3　危機管理の基本は事前対策にある

事前対策はなぜ重要か

危機管理の七〇～八〇％は「事前対策」にあるといっても過言ではない。

東日本大震災をはじめ、阪神淡路大震災、新潟県中越沖地震、東京・地下鉄サリン事件等では、政府、行政の事前対策が不十分であった。このため混乱と後手を繰り返した。

福島第一原発事故では過去に起こった事故の教訓に学ぶことなく、ひたすら安全神話を信じ、大事故に繋がった。事前対策ができているか、いないかは、渦中対策（災害発生から終息するまで）にも大きな影響を与える。このことは、過去の大災害の教訓をみれば明らかである。

米国の危機管理学者、アイアン・ミトロフは、「事前対策」の重要性を強調する。また、元・FEMA長官、ジェームス・ウイットは、「危機管理は後片付けではない、予防・回避が重要だ」と述べている。

日本の社会は残念ながら、災害リスクに対する予防・回避や大災害に備えた戦略的な防災対策に弱く、災害の都度、後片づけに終始している。政府や自治体だけの問題ではない。国民にとっても事前対策が重要だ。危機が起これば政府や自治体が何とかしてくれるだろう、警報が出れば指定された避難場所に行けばよい、といった他力本願の考えが根強い。だが、これでは自らの命の安全は守れない。危機に備えて何をなすべきか、平素から心の片隅に置いて備えが重要だ。

「日本人は大災害が起きてもパニックを起こさない。平然と秩序正しくルールを守り、行動する素晴らしい民族だ」、と外国から賞賛される。確かに一般的にはそう言えるかも知れない。だが、災害時の記録によれば、市民のなかにはエゴ丸出しで苦情を言い、救援物資を奪いあった例もあるという。物資を市民に配布するには、どのような手順で全体に迅速に配付できるか、住宅密集地域、山間部の孤立した地域等、個々の地域の実情を勘案しながら戦術、戦略を検討し、事前対策で計画化しておく。

危機管理に関する条例・規則

危機管理業務を推進するには、危機管理を行うに必要な組織規程が必要である。危機管理会議の統裁者、会議の構成メンバー、会議規程、危機管理監（室）の設置、所掌事務と責任・権限、会議で決定しなければならない重要事項、危機管理本部の設置場所、危機発生時の情報統制・伝達、危機管理計画・予算、事業計画、災害リスク把握・処理、災害発生時の行動基準、作戦計画、関係防災機関との連絡等、組織規程で明確にしてマニュアル化しておく。

危機管理監（室）の設置

危機管理を担当する組織名称は、災害危機管理監、危機管理室、危機管理チーム等が考えられる。組織内部、外部からみて危機管理事務に専従する組織体制の明確化。危機管理を専門に携わるスタッフが「いるか」、「いない」かで、危機への対応が大きく異なってくる。外部から危機に関する必要情報を伝えたいと思っても、相手の窓口が明確でなければ、情報連絡に多くの時間がかかり迅速な情報処理ができないからである。

危機管理（室）の所掌事務・責任・権限など

危機管理を担当する組織は、組織内部のリスク、外部から入手したリスク情報の総てを統括する窓口である。各部門の長、下部組織の長と密接な連携がとれるようにしておく。緊急を要する重要情報は、即、首長に報告し、首長から指示されたことは、直ちに各部門に伝達できるようにシステム化しておくことが重要である。

第２図

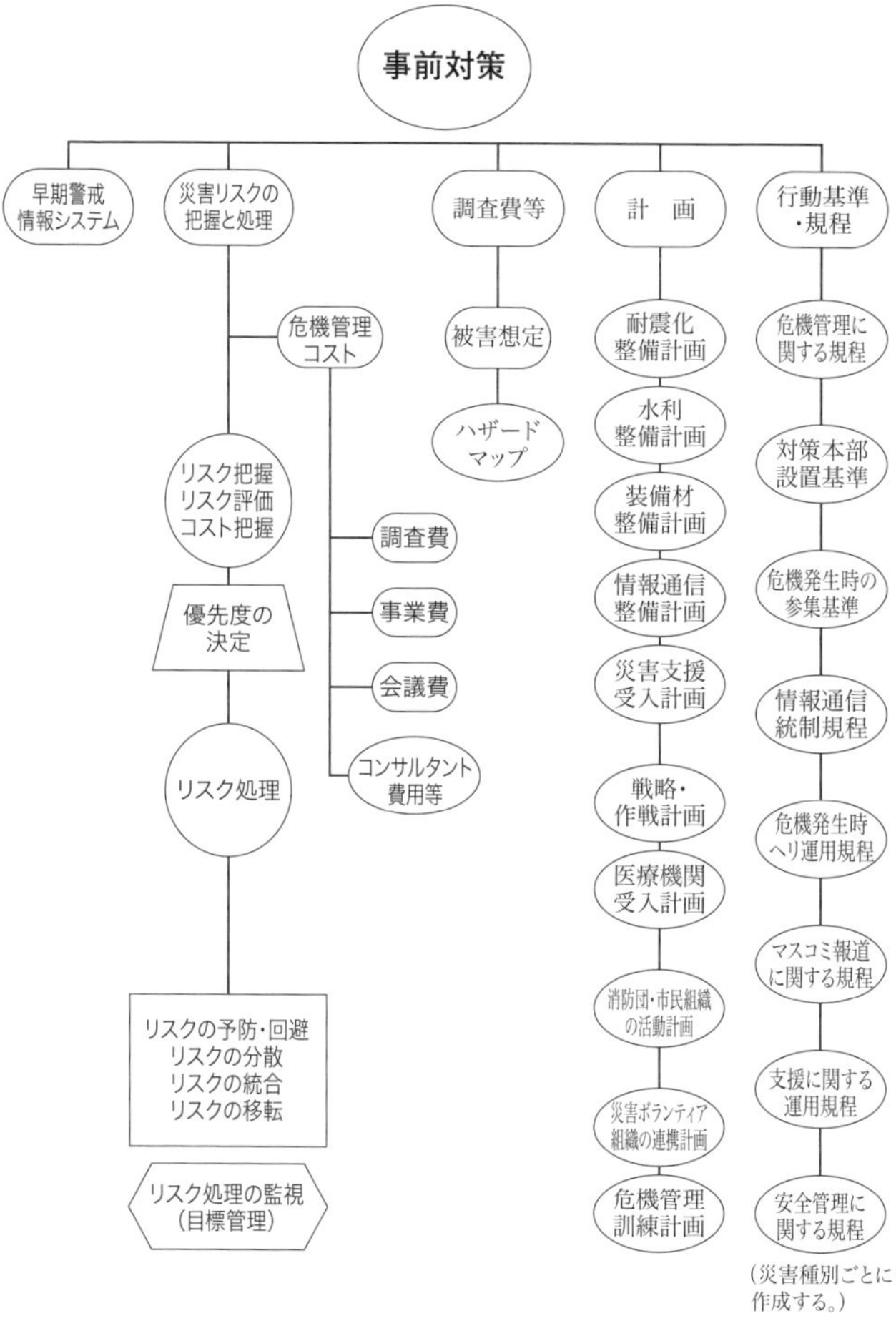

※この図は一例を示した。

「災害危機管理のすすめ」自著から引用

危機管理は、大災害だけを目的とした危機管理では意味がない。日常の業務活動に伴うリスク、組織内部の安全管理、汚職、訓練に伴う事故、セクシュアルハラスメント、交通事故、住民等、対外的なトラブル等、総合的にリスク情報を把握し、組織全体のリスクの予防・回避に努めることが重要だ。日常の災害や事故の延長線上に危機的な巨大災害があることを念頭において業務を処理する。

災害や事故が起これば、原因を調査・分析し、その結果を事前対策（リスク把握）にフィードバック（反映）させ、リスクの予防・回避に努めるのが危機管理の要諦である。

行動基準

行動基準とは、危機が起きれば、どう行動すべきかを定めた規範をいう。例えば

- 在宅中・出勤途上・帰宅途上で大災害が起こった。どう行動するか。
- 旅行、出張先で大災害を知ったらどうするか。
- 勤務中に大災害が起これば、優先すべきことは何か。
- 職員の安否確認・連絡はどのような手順で行うか。

●家族の安否確認はどのような手順で行うか。

これ等は一例を挙げたに過ぎない。

東日本大震災では、事前対策で定めていない事態が数多く起こった。組織に基づく指揮命令系統が瞬時にして断絶する事態が起こった。このような異常事態で、職場と連絡が取れず孤立した職員が少なくなかった。一人ひとりが孤立したときは、どう行動するか、組織として決めておくことが重要である。

「東日本大震災・消防隊員死闘の記」(旬報社)には、多くの事例が述べてある。

南三陸消防署に勤務する須藤　亘さんは、非番で自宅にいたが、大地震が起こると近隣住民の安否を確認し、避難を促し署に駆けつけた。「消防車両を消防署の裏山の高台に移動するように上司から指示された。この時点ではまだ急がなければという気持ちが恐怖感より先立っていた。

車両を高台に移し、次の車両を移動するため消防署に戻ろうとしたとき、付近の住民が騒いでいるのに気がついた。ついさっきまであった消防署が濁流に呑み込まれており、近づけない状態になっていた。(略)いつ、また津波が押し寄せてくるかわからない状況で人命救助活動を行い、何度も山を越えて傷病者の搬送、建物に取り残された人たちの救出に向かったのも大津波警報が発令中のことだった。「今度こそ死ぬかも知れない」。何度もそう思った。しかし、「自分たちがやらねばという使命感だけが恐怖心を押し殺し、活動を続けた」と述べている。

消防署が大津波に呑み込まれた後の須藤　亘さんは、自らの判断で行動した。大災害では、様々な事態が起こる。組織機能が停止し、上司のいない危機のなかで個々の職員はどう判断し、行動すればよいか、事前対策で行動基準を定めておくことが重要だ。被災地を廻り、生々しい話を聞かされると、物事は計画通りにはいかないことが分かった。行動基準や参集訓練は必要だが、実践に役立つ基準や訓練でなければ意味がない。

マニュアルは必要だ、だが、マニュアルは絶対ではない

マニュアルとは「手引書」をいう。手引書は目的に応じて作成するが、ここでは大地震、火災、水害等、災害が起こった際の身の安全、行動すべき手順、仕事の処理等について簡潔に示したものでなければならない。

組織のトップはマニュアルを必要としない。トップはマニュアルにない事案に対し、直ちに判断し指示・命令を行うのがトップの責務である。東日本大震災では、最悪事態を想定した行動基準が明確でない公的機関・企業等で多くの混乱が生じた。

危機が起こると本部を設置し、会議等で貴重な時間を浪費するケースが少なくない。マニュアル

に基づいて直ちに行動できる体制やマニュアルに書かれていないことでも状況に応じて、臨機応変に対処できる体制が必要だ。

私はセゾングループに勤務し、多くの事業所でマニュアルを見てきたが、どこの事業所もA四版の分厚い資料を立派なホルダーに収めていた。これではいざというときに役に立たない。当時、某大手スーパーのマニュアルを密かに入手したことがあった。横長の手のひらサイズの用紙にとるべき行動が簡潔に記載されていた。整理番号を付し、変更や追加があれば、該当するページが簡単に差し替えられるようになっていた。

- 分厚いマニュアルは役に立たない、薄くて簡潔なものがよい。
- マニュアルは、実際に使う関係部・課（部隊）の職員が中心となって策定するのが、個々の職員の意識と責任を持たせるうえで重要だ。
- マニュアルは、定期的に見直す必要がある。「計画的な訓練」、「マニュアルの見直し」は危機管理を行ううえでの基本である。

計画・調査

計画や調査を行う上で重要なことは、「結果重視」の考えである。学校の耐震化や情報センター、防災施設に関する事業計画では、単年度、中期、長期のいずれかに区分して計画化する。計画は目標管理、進行管理を徹底し、「結果重視」の考えで行う。重点施策を掲げてみても、成果を明確に把握することなく終わる場合が少なくない。調査を行うにしても、調査結果が具体的にどう活かされたか、結果重視の考えが重要だ。

○リスクの調査と対策の概要

どこにどのような災害リスクがあるか次のような表を策定して進行管理を行うことが重要だ。

第1表

災害の種別	リスクの把握	リスク処理	ハザードマップ	計画・行動基準等
大地震災害				
噴火災害				
津波災害				
土砂災害				
河川の氾濫				
山林火災				

コンビナート災害				
テロ災害				
化学工場の災害				
タイヤ等の工場火災				
劇毒物災害				
原子力発電所の災害				
航空機事故				
高速道路の大規模災害				
洞道内火災事故				
トンネル内火災事故				
巨大ビル火災事故				
ＳＡＲＳ等の疫病災害				
大規模食中毒事故				

東日本大震災に関する「災害記録」には、次のことが記されていた。

「遺体処理の迅速な対応が遅れたため住民は苛立ち市の担当者に苦情をいい、一触即発の状態になった地域があった。遺体処理は、市の地域防災計画で一〇日以内に処理すると定めていたそうだが、どう処理すればよいか明確に定めていなかった。このため福祉事務所の職員は、ひたすら謝り続けた」という。

巨大災害で多くの死者がでれば、どのような手順で行うか、事前に検討されていなかったようだ。教訓を踏まえ実際に役立つ計画が必要だ。


一例を挙げれば……。

- 危機管理に関する年度計画・中期計画・長期計画の策定
- 耐震性強化に関する事業計画
- 機動力・装備に関する事業計画
- 情報通信のデジタル化に関する事業計画
- 水利施設の事業計画
- テロ災害対策等に関する諸計画

・支援隊の受入れに関する計画
・危機発生に伴うヘリコプターの運用計画
・災害活動に関する作戦・戦略に関する計画
・危機発生時の情報通信・運用計画・情報統制
・業者との委託契約計画（自動車用燃焼、食糧、土木資機材等）
・危機管理教育・訓練計画等
・被害想定に必要な各種調査

ここでは、公的機関を中心に例示した。企業も危機管理の観点に立って施策、計画等を講じることが重要だ。

被害想定・ハザードマップ

被害想定は、「最悪事態を想定せよ」が鉄則である。

想定とは何か……**「想定とはある一定の状況や条件を仮に想い描くこと」**（広辞苑）とある。想定は抽象的で曖昧な用語である。科学的な論理構成に基づくものではない。人（為政者）のご都合主義で、どうにでも変更できる。

福島第一原発事故では、東京電力は想定外の事故だと再三再四強調してきた。津波に対する想定は十数㍍と言われながら、想定は七㍍。到来した津波は一四㍍だった。

阪神淡路大震災では、神戸市は当初、震度六と定めながら、その後、「五」に改めた。為政者の匙加減《さじかげん》一つで数字は容易に変えられる。被害想定を厳しくすれば、それだけ防災コストが嵩《かさ》む。防災に投資するより都市計画や他の事業を優先させた方が得策と考え、被害想定を低く見積もる傾向が根強い。

被害想定を科学的に算出することは現状では不可能だ。だが、尺度とすべきは、過去に起こった最大規模の大災害だと思う。将来、起こる、であろう大地震に対し、国や自治体、大学等では、様々な被害想定を散発的に公表するが、どれが正しいのか理解しにくい。被害想定がどれだけ実際に役立っているか、単なる被害想定で終わらせるようでは意味がない。

ハザードマップ（災害等が起こりやすい地域の危険地図）

ハザードマップとは、例えば、噴火災害による、溶岩の流出、泥流が押し寄せる危険地域。津波、火災危険地域（住宅密集し、消防車両の進入困難地域）、土砂災害、洪水による浸水危険地域、避難経路、避難場所、防災施設等を地図にしたものをいう。

ハザードマップを住民に知らせることは住民の不安を高め、不動産価格に影響するとのことで積極的に開示してこなかったが、最近は積極的に市民に知らせるところが増えてきた。市民の危機意識を高め、危機に備えるうえで重要なことである。

注意すべきことは、ハザードマップで示した危険な場所・地域は、あくまでも想定であって絶対ではない。ハザードマップを見て安全、危険を安易に判断するようでは大きな危険が伴う。東日本大震災では安全とされる地域にも大津波が押し寄せ多くの被害が生じた。

ハザードマップはあくまでも「想定であって、絶対ではない」ことを市民に知らしめる必要がある。

危機管理費用……計画・予算の一体化

「計画と予算の一体化を図る」ことは極めて重要だ。

市民、議会、マスコミ等から危機管理について説明責任（アカウンタビリティ）を求められれば、行政として危機管理対策の現状、過去の経過等について明確に説明できる体制が必要だ。

一例を挙げれば次のようなものがある。

・危機管理に関する会議費
・資料・マニュアルの整備費

・調査・視察費
・危機管理教育に必要な機材、職員研修費等
・建物・施設の耐震化に要する経費
・設備機器の転倒・落下防止に必要な経費等
・非常時の情報通信の整備費等
・ライフライン等の確保に必要な整備費等
・教育訓練等
・その他

4　リスク把握とリスク処理（リスクコントロール）

リスク感性とリスク把握

リスクを察知する能力は、すべての人に等しく備わっているわけではない。赤信号で横断歩道を

渡る行為はリスクである。「赤信号を無視して渡る」、「信号に注意せず渡る」、「赤信号を忠実に守る」など、人のリスク感性には違いがある。

大地震が起これば、どこに、どのような事故が起こる可能性があるか、これを察知するには、過去に起こった災害の教訓を、自らの生活環境や地域社会の実状に当てはめ、どこにどのようなリスクがあるかを把握し、対策を講じる必要がある。店舗、工場、事務所、ホテル等の事業所にはリスクが存在する。

災害の発生形態は地域や住む場所によって異なる。海岸線や山の中に住む人々、大都会に住む人々など、居住環境によって災害リスクが異なる。

古い木造家屋、耐震性のある住居、鉄筋コンクリート建てに住む人々によってリスクは異なる。保育所、幼稚園、養護老人ホーム、高齢者のいる家庭等、リスクはあらゆるところに存在する。

リスクを把握するには、過去に起こった災害を調べ、事故が起こった要因を把握し、分析し、リスク把握のチェックポインにする必要がある。

家庭で最も多いのが階段事故だ。台所、風呂場での事故が多い。事故を予防回避するには、どこにどのようなところで事故が多いか、頭にインプットしリスク感性を高めることだ。

階段の事故は多い。階段は家庭をはじめ駅舎内、職場、工場、事務所、遊園地、路上等、至る所に階段がある。私は階段を見ると瞬時に「リスクだ！」と判断し、注意を怠らないように事故防止に努めている。

「リスク」とはなにか、一般的には事故発生の可能性、あるいは損失発生の可能性をいう。事故が起きれば損失のみしか生じないリスク、すなわち純粋リスクに関する狭義の定義である。

（亀井利明監修「リスクマネジメント用語辞典」同文館出版）

リスク処理の手順

リスク処理とは、リスクを把握し、リスクの程度（リスクが大きいか、小さいか）をグレード化する。リスクの大きいものからリスクの予防・回避に努める。このような一連の処理を「リスク処理」という。

例えば、古い木造の建物で大地震が起これば、建物が倒壊するリスク（損害発生の可能性）がある。命の安全に関わる問題なのでリスクは極めて大きい。リスクを予防し回避するには、①耐震性のある住居に移転するか、②住んでいる建物の耐震性を強化する。③安全な建物に転居する。強化できない場合は、せめて一部屋でもよい、いざというときに備えて逃げ込むことのできる耐震性のある部屋を設けることも「リスク処理」の一形態である。

① リスクを把握する

⬇

② リスクを評価する
⬅
③ コストを算出する
⬅
④ 優先度を決定する
⬅
⑤ 改善計画を立て予算を確保し、実施する

リスクの分散

「リスクの分散」とは、リスクを分散し被る損害を軽減することをいう。一例を挙げれば、次のような場合が考えられる。

○役場が津波に流され、すべての機能が喪失した。一点集中主義では被る被害は大きい。情報通信体制、重要書類をはじめ、庁舎、職員宿舎を分散配置し、損害の回避、軽減を図るのは「リスクの分散」である。

○防災備蓄倉庫を一箇所に集中管理すれば効率的だが、津波や火災等で総てを失うことになるの

で損害を回避するには、倉庫を分散させて損害を軽減することは「リスクの分散」である。

○大型コンピューターを導入し、一元的管理は能率的だが、被災すればすべての機能がダウンする。これを回避するには回線をブロック別に分散させたうえでトータルシステム化する。

○火災や大地震等の「損害保険」に加入し、損害を被った場合に、「保険」で補填するのは「リスクの分散」である。

リスクの統合

火災や地震に弱い建物・施設を一箇所に統合し、耐震・耐火性のある建物・施設にすることは、分散しているリスクを統合することで安全性を強化し、被る損害を軽減するので「リスクの統合」である。

リスクの移転

リスクを外部に委託し、リスクを少なくすることは「リスクの移転」である。

○損害保険に加入し、万一災害で損害を被れば、保険で補填する。

○災害時に必要な車両の燃料、消火薬剤、非常用備蓄資器材・食料等の備蓄を民間企業に管理を委託する。

○災害時に使用する特殊車両、資器材、燃料、食料を業者から調達・支援をしてもらうため、事前に業者と契約を結んでおくことは「リスクの移転」である。

リスク処理とは、「リスクの予防・回避」、「リスクの分散」、「リスクの統合」、「リスクの移転」等をいう。

災害後の検証・計画の見直し

ジェームズ・L・ウイットは、「危機が去れば、事前に定めた計画が、どの程度、うまく機能したか、知るための情報を集めることだ」。危機が去れば、すべてが終わりではない。「災害で損害を大きくした原因はなにか」、「災害活動が円滑に行えなかった要因は何か等、科学的に検証する必要がある」（「非常事態のリーダーシップ」）と述べている。

例えば、

・作戦・戦略・戦術がうまく機能しなかった。……理由は何か。

・多数の死傷者が発生した。……原因は何か。
・延焼拡大した。……要因は何か。
・水利が不足した。……事前対策ではどのような検討がなされたのか。
・住民・マスコミ等への情報伝達、広報がうまくいかなかった。……理由は何か。
・災害活動を行ううえで障害が生じた。……どのような障害が具体的に起こったのか。
・庁舎が損壊し消防車両が出場不能となった。……事前対策でどのような検討がなされたのか。
・情報・通信設備等が損害を蒙《こうむ》り、情報処理機能がマヒ状態になった。……どのような安全対策が講じられていたのか。
・備蓄資器材が不足し、災害活動に支障をきたした。……事前対策でどのような検討がなされたのか。
・二次的災害の発生で部隊の運用がうまく機能しなかった。……事前計画でどのような検討がなされたのか。
・危機管理組織がうまく機能せず混乱した。……混乱した主な要因を具体的に検証する。

・非番職員の動員、交替に多くの時間と手間がかかった。……なぜ時間と手間がかかったのか。
・救護所や医療機関の受入れに混乱が生じた。……どう改善すればよいか。
・隊員の装備に安全管理上、重大な支障が生じた。……支障となった原因を検証し改善する。
・災害活動で機動力、装備が十分ではなかった。……今後どのような改善策が必要か。

他都市、諸外国で起こった大災害を、「他山の石」として、災害リスクの把握、リスク処理手法、計画（対策）、マニュアル等について見直す。

第2表　危機管理に必要なチェックリスト

	項　目	は　い	い　い　え
1	危機管理組織の規定を定めてあるか		
2	危機管理本部の設置基準、組織構成メンバー、任務、権限等を定めてあるか		
3	危機発生に伴う指揮・戦略・戦術・部隊運用等について定めてあるか		
4	危機発生に伴う組織内部の情報通信統制について定めてあるか		

5	職員の参集基準（非番日、夜間休日、通勤・退勤時等で危機が発生したならば、どう行動すればよいか）について定めてあるか		
6	消防団員の行動基準について定めてあるか		
7	職員・家族の安否確認の手順について周知しているか		
8	危機の発生に伴い、報道機関への情報提供・広報についての運用基準を定めてあるか		
9	関係防災機関との連絡、応援要請・応援の受入れ等について定めてあるか		
10	危機発生時の予算・経費の支出、権限について定めてあるか		
11	非常災害時の資器材・物資調達について業者と事前契約が定めてあるか		
12	危機発生時の組織対応の手順について定めてあるか		
13	災害危機について教育訓練計画が定めてあるか		
14	災害活動に携わる職員のライフライン等は確保されているか		
15	市民から殺到する問合せに対処できる体制ができているか		
16	災害の発生に伴い、救護所の設置、医療機関の受入れ体制ができているか		

（著者作成）

17	応援部隊の受入れ体制ができているか		
18	消防団、市民防災組織、ＮＰＯとの連携、窓口、調整等の機能を果たす体制ができているか		
19	隣接の消防機関、市町村・都道府県・国との緊急時の通信体制は、確保されているか		
20	消防、警察、自衛隊等、防災活動機関との危機発生時の事前計画、連絡体制ができているか		

第3図　災害危機管理・体系図

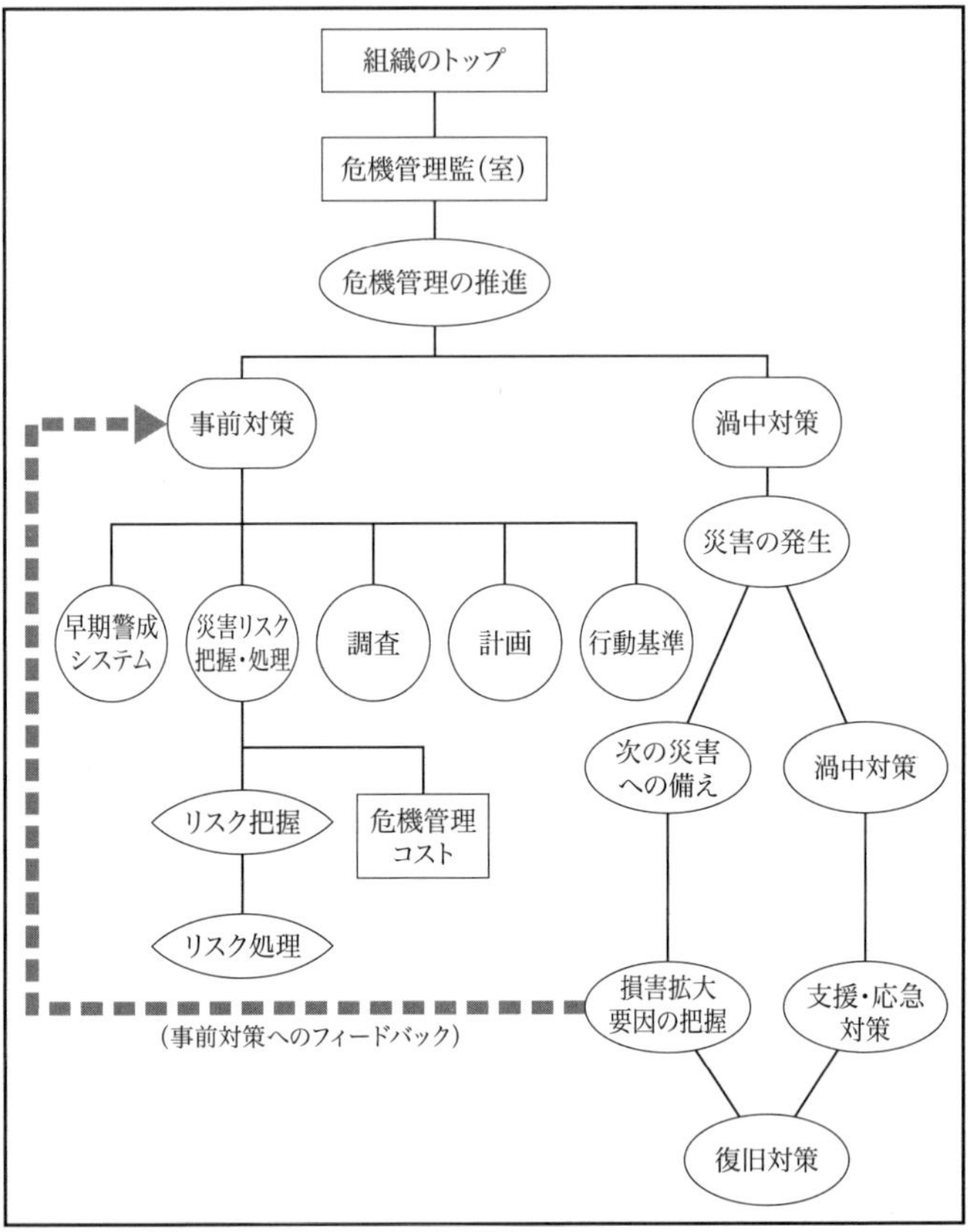

「災害危機管理のすすめ」自著から引用

5　過去の災害の教訓に学べ

大地震災害の教訓

関東大震災（一九二三年九月）は火災による焼死者。阪神淡路大震災では、建物の倒壊による圧死者。東日本大震災では大津波で多くの人々が流された。熊本地震では震度七が相次ぎ、長期にわたる余震等で、熊本市から大分県にかけて家屋の倒壊、土砂災害等で大きな被害が生じた。

マスコミは「予想しない大災害」と報じたが、「予想しない大災害」といえるのであろうか。大地震は何年、何十年、何百年、何千年といった周期でやってくる。大地震はいつ起こるか現在の予知技術では不可能とされている。

過去の記録を紐解けば類似する大災害が起こった記録がある。遠州灘を震源地とする東海大地震津波（一四九八年八月二十五日・推定マグニチュード八・二〜八・四）は、余震が十月中旬まで続いた。（峰岸純夫・「中世災害・戦乱の社会史」による）

予想しない大災害という前に、過去の記録を精査してみることだ。

阪神淡路大震災が起こるまで、神戸市は「大地震は絶対に起こらない」と豪語していた。大地震に関する会議や講話は一切タブーであった。東日本大震災では、大津波、福島第一原発事故等で名状し難い大惨事となった。過去に起こった多くの教訓をもとに防災対策を講じてきたとはいえ、なぜ被災を繰り返すのか真摯に検証してみる必要がある。ここには自然災害に対する「人間の傲慢さ」「便利さ、快適さを求める人間の我欲」「経済優先」の考えが大きな要因ではなかろうか。

大災害の都度、「被害想定の甘さ」、「避難施設の不足・不安全」、「エコノミー症候群の発生」、「物資の不足」等、同じことが繰り返される。過去の記録をつぶさに調べ最悪事態を想定した事前対策の欠如にほかならない。

避難施設を例に考えてみよう。

地震、火山、台風、土砂災害、洪水、テロ災害等、いずれの災害にも対応できる安全な避難施設が確保されていない。災害は季節を選ばず発生する。関東大震災（九月）、阪神淡路大震災（一月）、東日本大震災（三月）、熊本地震（六月）等、季節を選ばず起こる。

避難施設は、ただあればよいのではない。厳寒、酷暑、幼児、子供、障害者、高齢者等に配慮した安全な避難施設が必要だ。しかも平時は多目的に活用できる避難施設でなければならない。

すべて行政の手で安全な避難施設を設けることが困難であれば、事実を市民に公表し個人が安全な避難施設を設けるよう広報することも重要なことである。危機に備え、事前対策として知人、親戚等を通じて避難場所を確保しておくよう指導する。行政は大地震後、慌てて空き家探しをしているが、平素から事前対策の一つとして公的施設、企業の住宅施設、保養施設等、危機の発生に支援してくれる施設をリストアップし危機に備えることも国民の安全を守るうえで重要なことだと思う。

土砂災害と市民の安全

繰り返す土砂災害

近年、異常気象による集中豪雨、季節外れの大型台風等で、土砂災害、都市型水害が後を絶たない。広島市で起こった「平成二六年八月豪雨」、「伊豆大島土砂災害」（平成二五年一〇月一六日）は、いずれも避難指示が遅れ多くの犠牲者が出た。過去の災害を辿れば枚挙にいとまがない。土砂災害の都度、委員会や議会等で避難勧告の在り方や行政責任を厳しく追及するが、決め手となる災害防止策は見いだせない。

避難指示、避難勧告は法令で自治体の首長の責務とされているが、果たして行政の能力で人の命の安全を担うことができるのか、真摯《しんし》に考えてみる必要がある。

「安全保障関連法」について国会の審議過程では、政府はしばしば「国民の幸せと安全を守るために……」といった答弁が繰り返されてきた。

だが、安全を確保することは難しい。国や自治体だけで危機的災害から国民の生命の安全を守ることは不可能なことだと思う。

市民は行政に「おんぶ」に「だっこ」の気持ちが根強い。被災すれば行政責任が追及される。だが、行政は、すべてについて万能ではない。法令で示す安全基準も最低の基準を示したに過ぎない。法令で明確に行政行為が示されていれば、「行政の不作為」が生じるが、避難指示について具体的に法令で示したものは見当たらない。

「都道府県に法律で土砂災害の危険地域の指定」について定めているが、地域を指定していないところが多い。このため、「国の責務」、「自治体の責務」、「市民（国民）の責務」について明確にする必要がある。土砂災害による損害を少しでも少なくするには、すべて行政の責任とせず、行政が行う避難指示には限界があること、市民もまた自ら住む地域の安全性に深い関心を持ち、リスク感性を高め「安全」、「不安全」を見分ける力（能力）を持つことが必要だ。行政は市民に対し、このことを知らせることか必要だ。

(1) 広島市土砂災害……（平成二六年八月豪雨）

広島市で土砂災害が発生したとき、広島市に住む友人に、見舞いのメールを入れたところ次のような返事を頂いた。

『多くの死者と被害を出した阿武山は　私の家の二階から毎日、見ている。小山だが急峻な山形で多くの谷筋を抱えているので全ての谷で土石流が起こった。

昭和四〇年代に広島市に合併した地区で山際に危険性を無視した形で宅地開発が行われた。この結果、災害で多くの被害が生じた。「土砂災害防止法」で定めている「土砂災害警戒区域」や「土砂災害特別警戒区域」の指定はしていない。住民に災害の危険性を周知しないまま今日に至ったことが悔やまれる』。

この災害で東京新聞は社説・「情報が生死を分ける」（二〇一四年八月二一日付）で、次のことを指摘した。（要点のみ纏めた）。

○一九九九年の広島豪雨災害をきっかけに、国は「土砂災害防止法」を制定した。

○土砂災害の恐れのある場所には、都道府県が「特別警戒区域」、「警戒区域」を指定することになっている。警戒区域に指定されれば、避難体制の整備、住民に周知徹底を図ることが義務づけられる。

○「特別警戒区域」になれば、宅地開発等が規制される。今回、広島市で起こった土砂災害の地域は、一部を除いて指定されていなかった。

○広島県砂防課によると、危険箇所は全国最多の三万二千箇所をリストアップしているが、詳細な基礎調査が必要となるため、まだ、一万二千箇所しか指定していなかった。現住者もいて、なかなか指定が進まないというが人々の命に関わる問題である。指定されていれば、災害の危険性に対する住民の意識も違っていただろう。

○「今月一六～一七日（二〇一四年八月一六～一七日）に記録的な大雨が降った岐阜県高山市では、約百七〇箇所でがけ崩れが起きたが、人的被害は一件もなかった。民間の気象情報会社のサービスを活用し素早く、きめ細かい避難勧告が功を奏したといわれている。

○なかなか指定が進まないとはいえ、土砂災害防止法の警戒区域は既に全国で三十五万箇所。「危険を知らせる、危険を知る努力が命を守る第一歩であろう」。

この社説は、「情報を中心にした行政の在り方」に視点を置いた論説でよくまとめてある。だが、既に述べたことだが、命の安全は、行政の力だけで確保できるものではない。「現住者もいて、なかなか指定が進まない」となれば、行政は何らかの対策を取る必要がある。そこに住む住民に対し、急峻な山麓を這い上がるようにして家を建てて住む人は、法が認めた場所であっても、災害リスクの有無や過去の災害の経緯について確認し、法令は最悪事態を想定して許認可を与えていないことを知る必要がある。

行政が行う避難指示の限界

行政は「住民への避難指示が遅れた」、というが、行政が正しい情報を早期に把握し、住民に伝達することは、現状では技術的にみて無理だと思う。何故ならば自治体の行政が入手する情報は、気象庁の予報、管内の降雨量や河川や被害状況に基づき判断しているに過ぎないからだ。

気象庁が発表する予報は、「○○県」、「○○県北部」、「○○地方」「所によっては」「局地的に……」といった曖昧な表現が多い。このため市町村は、避難指示を出すにしても判断に迷い、空振りに終われば市民から多くの苦情を受ける。このため慎重に構え躊躇《ちゅうちょ》する。台風、洪水、土砂災害に対し早い段階で警戒体制をとるには、首長、行政管理者にとって、いつの時点で避難指示・勧告を行えばよいか、自然現象の変化を読み取ることは人間の判断の限界を超えている。

「避難指示、勧告」を行ううえで必要な的確な情報が得られない現状では、避難指示が遅れたことを理由に、危機管理を担当する部局の配置換えをしてみても問題の解決にはならない。

特に土砂災害は、いつどこで集中豪雨が起こるか、的確な観測体制を整備することが何よりも重要だ。高山市が気象庁の情報に依存せず、民間の気象情報会社を選択したことは極めて賢明な方法であった。御嶽山の噴火災害（二〇一四年）の例にもみられるように、役所は概して保守的で進取性に欠ける。

気象庁の気象予報は、日本列島、北海道、東北、関東、近畿、中国、九州等、広域情報や台風、地震、津波、前線の動き、県・地方といった広域的なマクロ情報には役立つが、市町村がもっとも必要とするミクロな情報は、今後の技術開発に期待するしか方法はない。

気象観測体制の充実強化

より正確な情報を早期に入手するには、県や市町村は、気象庁の情報だけではなく、民間の気象観測会社と連携して、より迅速にして的確な情報を得るための技術開発が必要だ。私は気象学の専門家ではないので偉そうなことは言えないが、TVの映像で映し出されるアメダスの映像を瞬時に見て、自分の住んでいる地域で雨が降るか、降らないかを判断している。この方法は、結構役に立っている。

地域の気象情報をきめ細かく把握できるシステム。周辺都市との広域的な気象情報システムを開発すれば、より正確な避難指示が可能になると思う。地方自治体（都道府県・市町村）は、民間気象会社と連携し、危機管理でいう早期警戒情報体制に役立つシステム作りが必要だ。

公共投資だけでは市民の安全は得られない

土砂災害を防止するため国土交通省や県では、砂防ダム・治山ダムの建設、基礎調査、氾濫防止の護岸整備や警戒区域内で住宅を再建する際の外壁補強経費等に助成するといったハード面に重点を置いているようだ。

危険地域の指定は迅速に

災害を予防・回避するには、危険地域の指定を迅速に行い、住民の危機意識を高め、危険地域に住宅を建てることを厳しく規制する必要がある。

行政に依存しない市民のリスク感性が重要

避難指示の在り方だけを議論してみても問題の解決にはならない。東日本大震災以降、住民の防災に対する危機意識は大きく変化するようになった。既に述べたことだが、行政の言われるままに、行動していては自らの安全は得られない。「安全は自ら判断し行動することが重要と考える人が増えている」。この背景には行政に対する不信感がある。

災害対策基本法には、災害危険があれば、市町村長は住民に対し避難指示を行なうことが明記されている。だが法令で定めることは容易だが、避難指示を的確に行なうことは難しい。

あえて繰り返すが、行政は自ら出来ることと、出来ないことを明確にし、市民は自らの安全は自ら判断し行動することの重要性を理解する必要がある。

市民の安全を守るには、従来のパターンから抜け出し、危機管理の基本（事前対策、早期警戒情報、災害リスク把握、被害想定、リスクの予防・回避等）を学ぶようにする。

(2) 関東・東北豪雨（平成二七年九月）

関東・東北豪雨では、茨城県常総市が、鬼怒川の決壊により大きな被害を受けた。以下、マスメディアの情報（東京新聞）を引用しながら、本書で述べてきた危機管理の基本原則と関連づけてみた。

市役所の浸水

○市役所（三階建）が浸水によって、災害対策本部は二日間にわたり機能不全となった。このため自衛隊のバッテリーを借りて最低限の通信を確保した。
○地上に設置されていた非常用の電源設備が水害で使用不能になった。
○非常用のディーゼル発電機や、通常の電源設備は屋外の地上にあった。堤防が決壊した翌日の午前二時には、一階ロビーが浸水し、電源設備は水に浸り役所内は停電した。

○市の洪水ハザードマップによれば、市役所は一～二㍍の浸水地域とされていた。市は洪水ハザードマップで浸水を予想していた。
○高杉　徹市長は、取材に対し、「電源は高い位置に設置すべきであったかも知れないが、市役所の浸水は想定していなかった。われわれのミスだ。」と述べている。広範囲に浸水するとは思わなかった。危険度が高いと思われる地区から優先的に避難指示を出していたが、増水が急で間に合わなかった。
○常総市は、鬼怒川が決壊する前、被害が大きかった地域に避難指示を出していなかった。

自主避難

住民の中には、市の指示や勧告を待たずに自分で判断し避難した人がいた。「川を見に行き、あふれそうなので危ないと思った。」「高齢者の三人暮らしなので、早く逃げようと思った。」「川を見にいかなかったら、避難しなかったかも知れない」。リスク感性がいかに重要かを示している。

安否確認

○常総市では行方不明なった一五人全員が無事だと確認されたのは、災害の発生から四日後であった。県と市は個人情報の保護で混乱が生じたのだという。個人情報保護法は、公表することの可否について、「本人の同意」を前提としているが、人命、財産を保護するうえで必要な場合は、本人の同意なしで情報提供を行う例外規定がある。

○国土地理院（同県つくば市）によると「治水地形分類図」を見れば、事前にある程度の被害状況は予測できたという。

○国交省は、今回の決壊現場の堤防は「一〇年に一度の大雨に耐えられない」と判定していた。このため、昨年度から、かさ上げ工事の前提となる用地買収交渉を始めていたが、関東東北水害が起こるまでに整備が間に合わなかった。

以上はマスコミ情報による。

危機管理の基本原則からいえば

①「首長や、首長を補佐する関係者のリスク感性」

②「首長の強いリーダーシップ」

③「早期警戒体制」

④「事前対策」……庁舎の防災機能、脆弱な堤防の安全確保、避難体制、行政機関の連携等

⑤ 市民への迅速な情報伝達と避難の指示

等が欠如していた。

情報伝達訓練は極めて重要だ。堤防が決壊すれば、被害はどこまで及ぶか、図上訓練を通じて、被害想定、迅速な情報伝達、救出、救助、避難等の行動基準を作成し周知しておくことが重要である。

水害危険地域には役所の設置場所、防災備蓄倉庫、避難場所等は、最悪事態に備えた対策ができているるか、リスク感性を高め、リスクを把握し、リスクの予防・回避（移転）に努める必要がある。特に浸水危険度の高い地域に住む高齢者、幼児、身障者等の避難施設の安全確認、緊急時の救出体制について、平素からどのような手順で安全に避難ができるか事前に確認しておく。

(3) 台風10号、岩手県岩泉町（平成二八年八月）

台風10号は、東北、北海道地方に甚大な被害をもたらした。特に岩手県岩泉町の認知症グループホーム「楽《ら》ん楽《ら》ん」では、水害被害によって九名の方が犠牲になった。マスメディアは、災害弱者の施設であっただけに、一斉に大きく報道した。

岩泉町町長は取材に対し「残念ながら油断していた。避難指示を出していれば助かったかも知れない。申し訳ない」と述べ情報収集が不足していたことを認めたという。

報道内容を通じて感じることは、単に「油断していた……」というよりは、酷な言い方だが、「危機意識」や「リスク感性」、「事前対策」に欠けていたとしか思えない。

○町のハザードマップ（災害予想図）は、津波被害が中心で洪水被害は想定していなかった。県や町の防災対策が欠如していた、と言われている。

○町は朝の九時に「避難準備情報」を出していた。被害を受けたグループ施設の管理者、当直の責任者は、認知症の方がいる施設なのだから早めの避難が必要だった。だが、施設の関係者は、「避難準備情報」の意味が分からなかった。

○岩手県は氾濫を想定していたが、東日本大震災による地形変化で状況が変わったとして町に伝えていなかった。

○県と町との情報の共有が不十分であった。

以上は新聞報道（東京）によるが、岩泉町に限らず、一般に子供、障害者、高齢者、病人等、災害弱者に対する首長、行政関係者、施設関係者の危機意識は低い。このため、災害リスク感性を高めるための組織体制、事前対策、教育訓練が重要だ。

中央集権の危機管理は限界

阪神淡路大震災が発生した当時の兵庫県知事・貝原俊民（故人）は、自著「大地からの警告」で次のように述べている。

「中央集権のもとに地方を統制して対処する固い「剛構造の防災体制」は強力ではあるが脆弱である。予測されているような広域災害が発生した場合、人命の救助にあたるのは中央政府ではなく地方自治体にならざるを得ない。」

自然災害については「災害対策基本法」以下、法体系によって一応の体制ができている。しかし、阪神淡路大震災後においても、国・都道府県・市町村、公共機関の連携が十分に検討されていなかった。危機管理は異常な状態で対策をとるので緻密さや簡明な指揮系統による体制を整備すべきである。専門家は、東海地震、東南海地震、南海地震が同時に発生する可能性を指摘している。広域地震津波に対する広域連携が現体制でうまくいくとは、到底、考えられない。

（貝原俊民「大地からの警告」八四〜八五頁　ぎょうせい）

自治体による道州制組織を設け、ヘリや機動部隊、特殊資機材を配置し、管轄地域に発生した災害に即応できる兵站機能を整備することが、実態に即した危機管理体制だと私は思う。国は何かにつけて、ひも付きの補助金制度が好きのようである。ヘリや資機材を自治体に貸与し自治体組織に介在したがる。国は国としての独自の危機管理組織の充実強化を図る必要がある。

第三章　危機とリーダーシップ

1　危機に弱い日本人

危機の発生と首長のリーダーシップ

東日本大震災では、首長、閣僚、官僚、東京電力幹部の必死の努力にも拘わらず、マスコミや国民から多くの批判を受けた。特に首相の孤軍奮闘ぶりは、多くの人々が注目した。リーダーシップを発揮すべき首長、閣僚、官僚等の「リーダーとしての素養」、「マネジメント力」が不足していたため、試行錯誤による混乱が続いた。

阪神淡路大震災では、貝原元兵庫県知事は、自衛隊への応援要請が遅れ多くの批判を受けた。「応援を要請するにしても被害状況が掴《つか》めず情報把握に手間取ったからだ」と自著（『大地からの警告』ぎょうせい）で率直に述べている。

新潟県中越地震（午後五時五六分）で長岡市は、午後七時前に災害対策本部会議を開いた。だが携帯電話や一般電話が使えない。署員を手分けして市内各地に派遣し、情報収拾を行うよう指示したが、思うように情報が集まらなかった。（長岡市災害対策本部編「中越大地震」ぎょうせい）

東海村のＪＣＯの臨界事故（一九九九年九月三〇日）では事業所が救急要請をしたが、臨界事故が起こっていることを消防に告げなかった。このため、救急隊員は白衣のままで事故現場に入り、救護にあたった。幸い大事には至らなかったが、極めて憂慮《ゆうりょ》すべきことであった。

東海村消防署の幹部は、「救急要請の通報の段階で「事故」という言葉はなかった。放射能の事故と分かっていれば、必要な装備を身につけ被曝は防げた、非常に残念だ」とコメントしている。

過去の事例に共通しているのは、リーダーとしての警戒心や疑念の気持ちを持たずに危機に対応していることに問題がある。

ＪＣＯという企業は、日常、どのような仕事をしているのか、事故を起こせばどのような事態を引き起こすのか、災害活動にあたるリーダーは常に警戒心と疑念の気持ちを持つことが必要だ。「情報が集まらない」、「情報把握に多くの時間がかかる」では、危機には対応できない。平素から危機に備え、情報を迅速に把握する合理的、能率的なシステムを構築しておくことだ。

首長、組織のトップリーダーは、部下任せにせず、情報把握の在り方に強い関心を持つ必要がある。

国・地方自治体・企業等を問わず、首長、組織のリーダーは、災害危機に対し強いリーダーシップ、組織を統制するマネジメント力に弱い。日常、ボトムアップ方式で仕事をしている関係で、どうしても下からの情報を待つ姿勢が根強いように思う。
「リーダーとしての能力」、「マネジメント力」「事故を察知する能力」等を持つことがリーダーとしての必須の要件である。

堀　栄三（戦時中は大本営陸軍部参謀、戦後は自衛隊統幕室長）は、「大本営参謀の情報戦記……情報なき国家の悲劇……」の自著で……、
「太平洋各地の玉砕と敗戦の悲劇は、日本軍が事前の情報収集・解析を軽視していたことにあった」。「勘というのも重要な洞察であって、出鱈目《でたらめ》や出任せではない」。研究に研究した基礎資料を積み重ねて、そのなかの要と不要を分析して出てきたものが情報の勘である。目前の現実を見据えた線と過去に蓄積した知識の線との交差点が職人的勘であって、勘は非近代的な響きだというのなら、積み上げた職人の知識が、能力になった結果の判断とでもいったらよい」と述べている（一六四頁）。

このことは軍事だけの問題ではない、大災害時においても同じことがいえる。
情報が集まらない。だから「何も出来ない」、「手も足も出せない」では、首長、トップリーダーとしての責務は果たせない。情報が得られない状態は、重大な災害が起こっていることの証左であ

る。リーダーに強く求められるのは、「勘」であり、「直感力」であり、「洞察力」である。

経験、知識、理論を通じて勘や直観力を働かせ、「何らかの行為」、「行動」、「指示」、「命令」を下すのがプロのプロたる所以《ゆえん》である。私は大地震災害で指揮をとった経験はないが、第三出場の特殊災害の経験はある。窮地に陥り、現状を打破するために次の一手のひらめきに要する時間は、せいぜい数十秒程度であった。いつまでも思案に暮れている時間的余裕がないからだ。

あれや、これやと判断に迷い、失敗したらどうするかを考え、優柔不断で貴重な時間を費やすことは指揮官として許されない。「決断」と「実行」が迅速に求められるからだ。指示・命令した結果が不味《まず》ければ、直ちに元に戻し、新たな手法を考え指示・命令することだ。指揮官だから常に完璧な指示・命令ができるわけではない。大きな災害活動では、情報がない、どう対応すべきか試行錯誤に陥ることがある。

堀　栄三は、「目前の現実を見据えた線と過去に蓄積した知識の線との交差点が職人的勘、即ち「情報の勘」だと述べている。至極名言だと思う。これに加えて私は「原理原則」を重視した。必要と判断したならば、思い切って実践してみることだ。どのような結果が出るか、最初から分からないことはいくらでもある。

巨視的にものごとを把握し、見極め、リスクの最も大きいものに重点を置いて、対処することだ。直観力は、平素の知識、経験、物事の道理、原則から出てくる。常に前向き思考で創造性をもって対処する基本姿勢がリーダーにとって重要だ。判断に迷えば、私はものごとの原理原則に従って実践した。

人命の安全とリーダーの意思決定

危機的災害では、首長、トップリーダーは経験したことのない災害に遭遇し、二者択一の意思決定を行わなければならないことがある。

阪神淡路大震災では、消防機関がヘリコプターによる空中消火を行わなかったことで、多くの批判を浴びた。新聞の投書欄、マスコミ等は、「科学技術を取り入れた効果的な消火方法はないのか」、といった苦情が相次いだ。

「なぜヘリコプターを使わないのか…危機管理システムの核心」の著者、西川　渉（朝日航洋社長）は、「水を投下すれば空中で霧散するので消火効果が期待できない」、「水を落下させると家をつぶし内部の人を圧死させる」、「火災気流によりヘリの安全確保ができないといったことを理由に、ヘリ消火を実施しなかった。最初からできないと考えずに、どうすれば可能か、前向きの発想が必要だ。」と述べている。消防組織の指揮体制、命令、決断、権限等の在り方について、消防はプロでありながら自らの判断で決断と実行できなかったことについて、厳しく指摘している。まさに傾聴に値する提言だと思う。

このことは、単に消防の能力を云々《うんぬん》するだけの問題ではない。東日本大震災で政府が執った対応など、日本社会には組織、権限等、解決すべき危機管理の課題が山積している。

人命を救出するには、全員を救出できる場合とできない場合がある。「一方の人々の命を守れば他方の命が犠牲になる。」といった二者択一の冷酷な判断が指揮官に求められる。このような場合、どうしても多くの人命を救うことに重点が置かれる。

米国で起こった9・11同時多発テロ事件では、チェイニー副大統領は「乗っ取られた旅客機を撃墜せよ」との命令を攻撃用戦闘機に命じた。だが、命令はうまく伝わらず、テロに乗っ取られた旅客機は、世界貿易センター（WTC）ビルに相次いで激突し、ビルにいた多くの人々や旅客機に搭乗していた乗客が犠牲となった。

最悪事態が起これば、トップリーダーは、人間の命の尊厳に係る「二者択一」の意思決定と指示命令が求められる。より多くの人命を救うのに重点を置き、他を犠牲にするのが米国流の危機管理だと思う。だが、日本社会の危機管理は、このことについて、ほとんど議論されてきていない。

阪神淡路大震災時の消防ヘリ消火の例にみられるように、救助すべき人々のすべてを救おうとする。ヘリの消火で失敗すれば、責任を問われ兼ねない。人命に損害が生じる危険があると判断すれば、あえてヘリ消火を実施しようとはしない、その結果、救える命まで失うことになる。

米国では、災害活動を行う現場の最高指揮官に多くの権限を与えている。阪神淡路大震災のヘリ消火の問題は、国の上層部に判断を求めたという。このような現状を考えて議論しないと、単に消防の無能を批判しても問題の解決にはならない。

重要なことは、現場主義の観点に立った指揮活動、迅速・的確に行える組織体制の在り方を真摯に検討する必要がある。

政治、行政、マスコミ、国民等を含めた危機に対応する法令、組織体制の整備等、社会的なコンセンサスを図る必要がある。防災関係者は、現場主義の観点に立って、正面から大いに議論し、問題の解決に努める必要がある。

大川小学校・訴訟事件と危機管理

大川小学校の訴訟事件では、仙台地裁は県・市に対し一四億二千六百万円の支払いを命じた。新聞報道の見出しに、「大川小の過失認定」。「裏山に避難できた」。「裏山が最優先」。「命預かる学校重い責任」。「来襲まで五一分」。「児童は山へ二度訴えたが」。「津波来襲予見できた」。「備え徹底への重い警鐘」等が目についた。

この判決の要旨は……。

①学校に対し高度の注意義務と結果回避義務違反を認定した。津波に襲われるまでの七分間の判断と行動を重視した。

②避難に適した場所は裏山と明確に認定した。校庭から登り口まで約百㍍。一〇㍍の高さの地点に登るには、小走り一分、徒歩二分と短時間で容易に登ることが可能であった。

③児童は避難について、全面的に教員の判断にゆだねざるを得ない。児童の安全を最優先に考えるべきだ。

④七〇人以上の児童を率いて斜面を登ることは容易ではないにしても「規律ある避難にこだわるべき状況になかった」。「列を乱して山を登ることを含め、高所への避難を最優先にすべきだった」と教員に柔軟な対応を求めた。

⑤ＮＨＫのラジオが沿岸で甚大な被害が出ているとの報道。午後三時三〇分頃、市の広報車が学校の前を通り過ぎながら沿岸の松林を津波が抜けてきたと警告し、すぐに高台に避難するよう拡声器で求めた。「児童の生命に具体的な危険が生じることを予見した」と認められる。

広報車の警告を聞いた教諭は教頭に対し「津波が来ます。山に逃げますか」と問いかけている。

津波が学校に到達したのは午後三時三七分。判決は「午後三時三〇分からそれまでの七分間に限られた時間で、多少の混乱もいとわず早期の避難を最優先すべきだった」と判示した。

〈学校側の抗弁〉

① 津波が到達するとは想定していなかった。

② 市の指定避難場所であり地区住民も避難していた。

③ 大川小学校は、ハザードマップの浸水区域外で地区の区長も「津波は来ない」と教頭に伝えていた。

④ 校庭より高所の三角地帯（標高約七㍍）に避難したのは、地域住民と協議した結果であって止むをえなかった。

この判決後、県・市、遺族は、地裁の判決を不満とし控訴した。

係争中なので深入りは避け、「災害危機管理」の視点から私見を述べる。

①　災害リスク感性の欠如。
②　リーダーシップの欠如、危機管理組織が不備であった。
③　危機に対する「事前対策」「事前計画」ができていなかった。
④　情報把握と危機回避に必要な手順、迅速な処理が欠如していた。
⑤　目前急迫の危機に児童の安全確保の判断ができなかった。
⑥　危機発生時の避難の在り方は、平時と危機では異なる。このことを理解していなかった。
⑦　危機に対する学校としての主体的な判断ができず、他力本願であった。
⑧　津波はここまで来ないだろうとの過信が惨事を招いた。

仙台地裁の判決は、大筋で妥当な判決であったと思う。行政や教育関係者には酷な言い方かも知れないが、仮に原告敗訴であれば、結果はどうなったであろうか？「想定できなかった」「市が指定した避難場所だから安全だと思った」「ハザードマップに浸水地域と記されていなかった」を理由に、危機管理の重要性は向上しなかったであろう。その意味で、この判決は、教育・行政の関係者や社会に与えた影響は大きく妥当な判決であったと私は思う。

ここでは学校の例を取り上げたが、事業所によっては大津波情報の発令に伴い、避難の時機を逸したため社員が犠牲となり、事業所の管理責任が問われたケースがある。

ここで強調しておきたいことは、組織を統率するトップは、危機に備えた事前対策と危機が発生した際の取るべき行動、判断、意思決定、指示、命令、責任等、強いリーダーシップが求められる。大川小学校の事例は、生徒を引率する教師のリーダーシップが欠けていたのである。

日本人はなぜリーダーシップに弱いのか

日本人は欧米人に比べて「リーダーシップに弱い」、と言われている。なぜ弱いのか、理由はいろいろあるが、大人になっても「個が育成されていないこと」が最大の理由だと私は思う。欧米社会は、「個」としての主体性が小さい時から植え付けられている。日本人は個としての主体性を持つ人が少ない。戦前生まれの私は「出る杭は打たれる」ではないが、皆と異なる意見を述べれば批判され、常に横並びの世界で生きてきた。上司の意見に反対する意見はタブーであった。このような社会では、主体性のある意見や創造性は育たない。このためか、日本は「リーダーシップ」についての教育や研究が遅れている。戦後、長年にわたり「前例踏襲」、「年功序列」、「身分保障」の社会であった。このため、「リーダーシップ」、「マネジメント力」のある幹部を育ててこなかった。思い切った方向転換が必要だ。

「公務員人事の研究」の著者　山中俊之（元外務省・キャリア）は、自著で次のように述べている。

① 行政には、マネジメントに対する認識がまだまだ薄い。一九九〇年代には、マネジメントという言葉は霞ヶ関では正しい意味で使われていなかったのではないかと記憶している。『マネジメントは人と仲良くすること』だという職員もいた。

② 公務員の人事制度は民間とは違い、基本的条件が法定化され硬直化していた。

③ 優秀な人材がいながら成果が出ない大きな要因は、**「マネジメント」**の欠如にある。

「マネジメント」に弱いということは、「クライシスマネジメント」、「リスクマネジメント」にも弱いことを意味する。

日本人は会議の席で自分の意見を堂々と主張しようとする人が少ない。本音と建前を使い分け、上司の意向に沿わない考えは積極的に発言しない。

私は消防の社会で長年、仕事をしてきた。階級制度を導入しているので、幹部になれば部下を持ち、日常の業務や災害活動を行うことになる。当然のことだが幹部は強い「リーダーシップ」が求められる。だが、「リーダーシップ」とは何か、リーダーシップをどのように発揮すればよいのか、となると、幹部研修でこのような講義を受けたことがなかった。「部下をしっかり指導せよ」といった言葉が、耳にタコができるほど上司から言われた。だが、「指導」だけでは「リーダーシップ」を正しく理解したことにはならない。リーダーシップはマネジメントと密接な関係がある。

「マネジメント」には、経営という意味がある、「経営」という用語を使うと、上司から「企業では『経営』は必要だが、行政では必要のない用語だと言われたことがあった。最近、遅まきながら行政にもマネジメントが重要だ、と言われる時代になってきた。

庁議の席で建設的な意見を述べると組織批判と受けとめ、周囲から一斉に攻撃されたことがあった。このことは消防の社会に限らず、日本の社会は、互いに納得のいくまで議論することを嫌う風潮が根強い。理屈を言い、意見を述べると、「あいつは理屈っぽい奴だ」といって嫌われる。上司の意見に寄り添い、みんなと同じ意見で「仲良しクラブ」であれば互いに安心する職場が少なくない。福島第一原発事故を起こした東京電力においても会議で「安全の確保を強調する社員」は排除されたという。


国際舞台で活躍する同時通訳の第一人者といわれる長井鞠子さんは、自著「伝える極意」で次のように述べている。

「この一〇年、二〇年、国際会議などで仕事をすると、一九八〇年代と比べて日本という国が占めているウェイトが軽くなっているのを感じることがあります。以前なら議長が日本に意見を求めてきたようなところでも、スルーされることが多くなりました。『ジャパン・パッシング』あるいは『ジャパン・ナッシング』といわれる状況です。（略）ある閣僚会議で、議長から発言を求められた日本の大臣が、日本の立場・意見を述べずに『さきほど発言されたスウェーデンの代表と同じ意見です』と言ったことが忘れられません。これでは日本はどういう意見を持つ国であるのか、まったく印象に残りません。たとえ誰かと同じ意見であっても、『自分の意見はこうだ』と言わなければならない。それが、国際的なコミュニケーションの場で、まず求められることです」。

この著書を通じて感じたことは、重要な会議で発言すべきときに発言するのが、リーダシップの要素である。グローバル化が急速に進むなかで、国際社会で活動する方々の能力に失望を感じると共に、個性や主体性をもって自分の意見が堂々と言える人材の養成が目下の急務だと思う。

人材の養成と能力開発

阪神淡路大震災では、国・自治体の首長は、危機への対応に遅れ、多くの批判を受けた。当時、兵庫県知事であった貝原俊民は、自著「大地からの警告」（ぎょうせい）で、次の様に述べている。

○日本の社会は「トップダウン」より「ボトムアップ」の社会だが、危機にはリーダーとして毅然たる態度で「トップダウン」で行う必要がある。

○自衛隊を要請しなかったのは、自衛隊へのアレルギーがあったからではない。派遣要請は当然なことであったが、緊急通信手段の破損、対応に必要な職員の不足、どの程度の規模で、どの地域に出動して欲しいのか状況が把握されていなかったからである。

○マニュアルにない判断を迫られた。

○判断基準は、正義、責任は自らとる。そう決めれば道は開ける。

○危機管理が不十分というよりは、危機管理自体が欠如していたと言わざるを得ない。

自戒を込めて率直に述べておられる。首長として人格識見が豊かな方であったと思うが、いかに知識・能力に長けていても危機が起これればどう対応すべきか、基本的なことは平素から学んでいて欲しかった。

以下、失礼を顧みず、このことについて私見を述べさせていただく。

① 日本の社会は「トップダウン」より「ボトムアップ」の社会である。危機にはリーダーは毅然たる態度で「トップダウン」が必要である。と自著で強調している。確かにその通りである。だが、このことは「リーダーシップ」「マネジメント」に関する知識があれば、このような使い分けは基本的なことで、ことさら強調するまでもないことである。

②「どの地域に出動して欲しいか状況が把握されていなかった」とある。状況把握が困難であればあるほど、甚大な被害を受けていることの証左であって。迅速な支援を必要としているのである。

プロイセンの軍人、ドイツ帝国の統一に貢献（一八〇〇～一八九一）したモルトケは……。「将師は予想もしていなかった想定外の状況に基づいて行われる、戦役進行中の一連の決心に運命を委ねることになる。したがって、次から次へと連鎖していく諸般の戦争中の行為は、計画にしたがって実施されるのではなく、軍事常識にしたがった臨機応変の行為として実施される。他の類推を許さない一回的な事例に直面した際に大切なことは、**朦朧《もうろう》とした霧に覆われた状況を見抜くことであり、既知の事実を正しく評価をして未知の事象を推測し、速やかな決心に至り、次には動揺することなく勇猛に実施することである**」（モルトケ・片岡徹也編著「戦略論体系」八四～八五頁　芙蓉書房）と述べている。（ゴジックは筆者記す）

戦争も災害も戦略、戦術、作戦、部隊の投入・運用、機動力、物資の調達・補給等は類似する点が多い。

③「マニュアルにない判断が求められた」とあるが、首長は危機に対し、マニュアルは必要としない。マニュアルにない事案に対し、判断、指示、命令するのが、首長の責務である。クラ

ウゼヴィッツは自著「戦争論」で次のように述べている。

「軍事行動の中心が上級指揮官から下級指揮官に委ねられるに伴いマニュアルは幅広く利用されるようになる、首長、部隊の最高指揮官は、マニュアルに書かれていないことを判断し、指揮統率するのが首長の責務であり役割である」。

④ 判断基準は、「正義、責任は自らとる」と貝原俊民は述べている。確かにそうかも知れないが、私は「実用的で効果的な結果重視の作戦計画・隊員の士気・安全管理」を判断基準としてきた。

⑤ 危機管理が不十分というよりは、「危機管理が欠如していた」と述べている。だが首長は平素から、組織体制を通じて危機への対応ができているか否か、自ら点検し、不備があれば、法令の有無に関係なく対策を講じる責務がある。危機に対するリスク感性が問われる問題だと思う。

「リーダー（シップ）」は自ら創るもの

リーダーシップとは「リーダーとしての地位、任務、指導権、資質、能力、統率力など」（広辞苑）を意味する。だが、このような用語の羅列だけでは理解しにくい。

私は消防の社会に入り昇任するに伴い、部下を持つようになった。しかし初級幹部の頃は、災害活動を行うにしても、どのようにして指揮をとればよいか、正直にいってその手法を知らなかった。実務経験の乏しい私は、とかく部下任せになり、火災現場でしばしば失敗を繰り返したことがあった。当時はリーダーシップといえば、部下を指導するくらいの認識しかなかったのである。そこで「リーダーシップ」を発揮するにはどうすればよいか、参考書を集めて研究した。

参考にしたのは、レビアン、リピット、ホワイトの三人の学者による実験、研究結果をまとめた一冊の「リーダーシップ」の本であった。

レビアン等は、「リーダーシップ」ついて、次の三つのパターン（型）に分けて説明している。

① **「独裁型リーダーシップ」**……別名**「トップダウン方式」**。

② **「民主型リーダーシップ」**部下の意見、アイデアを検討させ段階的に上位の決済を受ける。……別名**「ボトムアップ方式」**。

③ **「放任型リーダーシップ」**図案、ポスター、翻訳等、専門的な仕事ができる部下に、方針、情報、ヒントを与え持ち前の能力を発揮させる方式。

このリーダーシップ論は具体的で分かりやすかった。この教本を参考にして、「消防のリーダーシップ・部下指導」のテキストを作成し、消防学校の幹部教育で長年講義してきた。

次に参考にしたのが、ベニス等による「リーダーシップ論」であった。この本は東京国際ブックフェアで、偶然見つけた一冊だったが、リーダーの在り方を知るうえで大変、参考になった。いろいろと参考書を集めてみたが、この二冊の著者の考えを参考にしながら、自らの経験等を踏まえ、リーダーシップを発揮してきた。

ベニス等の研究による「リーダーシップ」でもっとも印象的だったのは、「リーダー」と「マネージャー」との違いを明確に区分していることであった。以下、要点のみ述べておきたい。

「リーダー」と「マネージャー」(管理者) は同じではない

ベニス等の研究によると、「リーダー」と「マネージャー」は次のような点に違いがある、と述べている。(本書一三五頁第3表参照)

リーダーとは、

○現状維持体制にチャレンジすること。

○改革者であること。

○開発者であること。

○部下を鼓舞すること。
○長期展望にたつこと。
○創造すること。
○何か、何故かを聞くこと。
○正しいことを行うこと。

マネージャーとは、

○維持管理者。
○コントロールすること。
○短期展望に立つこと。
○どのようにして、いつ行うのか聞くこと。
○仕事に責任を持つこと。
○現状維持を受け入れること。

○ものごとを正しく行うこと。

＊「マネージャー」は辞書には経営者、管理人、支配人、責任者、管理者、会社の部長、課長等と訳されている。「マネジメント」は、人などに対する管理手腕、処理能力等と訳されている。「マネージャー」、「マネジメント」の語意には、日本社会でいう管理、管理者の意味よりも経営的な意味が強く含まれている。日本社会では、圧倒的にマネージャー（「管理者型タイプ」）が多い。

ベニスがいう「リーダー」は、現状の維持体制に「チャレンジする」、「改革する」、「開発する」、「現状の体制にチャレンジする」「創造する」、「長期展望」にたって仕事をする人を指している。

年功序列主義、前例踏襲主義の強い日本社会はリスクに挑戦することなく仕事をする人が公務員社会に多い。職場を去る人々の挨拶に、「○○年にわたり大過なく勤務させていただき誠に有り難うございました。これも偏に、皆様方のご支援、ご厚情によるもので、心から厚く感謝とお礼を申し上げます」といった挨拶が多かった。私はこの「大過なく」の言葉が気になった。ここには、「ポジティブ」、「創造性」、「リスクに挑戦する」意欲に欠けているからである。

フランスの経済学者、思想家で世界的に著名なジャック・アタリは、次のように述べている。

第３表　リーダーとマネジャーの違い

リーダーシップ（リーダー）	マネジメント（マネージャー）
改革者	管理者
開発者	維持者
鼓舞する	コントロールする
長期展望	短期展望
何か、なぜかを聞く	どのようにして、いつ行うのか聞く
創造する	仕事に責任を持つ
現状維持体制にチャレンジする	現状維持を受け入れる
正しいことを行う	ものごとを正しく行う

「ベニス等のリーダーシップ」を参考に作成した。

第４図

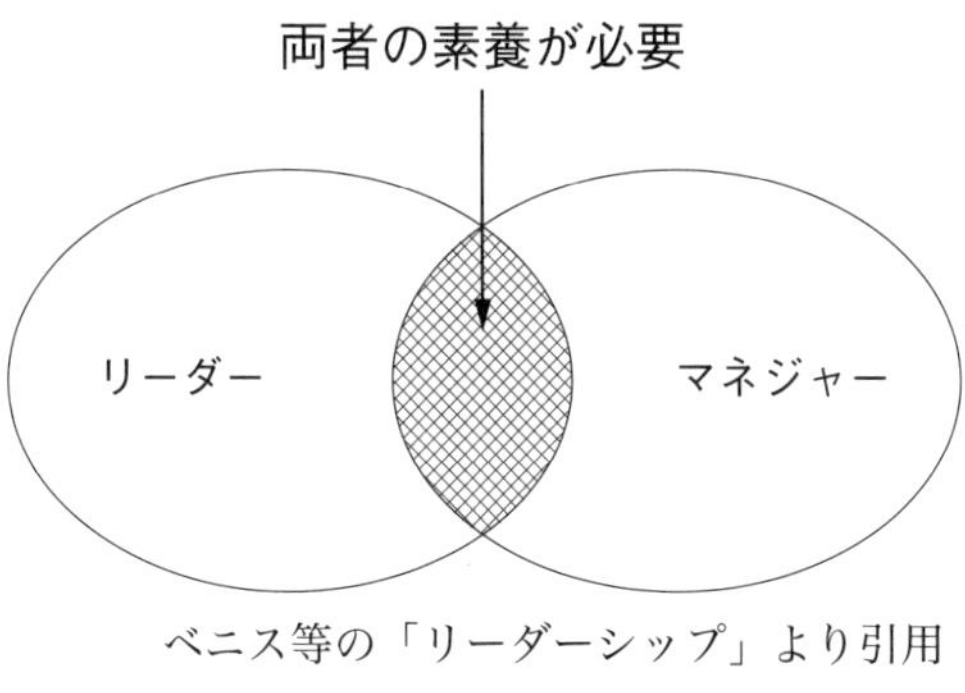

ベニス等の「リーダーシップ」より引用

「日本はこれまで十分なクリエーター階級を育成してこなかった。また、彼らを外国から呼び込むことも、迎え入れることもしてこなかった」。（ジャック・アタリ「二一世紀の歴史」作品社）

ジャック・アタリが指摘する日本の社会は、**「リーダーに求められる創造性」**、**「現状を改革する」**、**「新たな開発を目指す人材やオピニオンリーダー」**を育ててこなかった。グローバル化社会の進展に伴い、ようやくこのことの重要性に気が付きはじめたようである。

創造性のある仕事は「リスク」が伴う。実践してみないと分からないことが少なくない。最近、企業のなかには、「失敗賞」を出す会社がでてきた。歓迎すべきことである。現代社会は実践的で行動力のある強いリーダーシップを発揮できる人材が求められている。

クロネコヤマトの創設者・小倉昌男の著書「小倉昌男・経営学」（日経BP社）、京セラの創設者・稲盛和夫の著書・「生き方」、をベニスの「リーダーの条件」に当てはめると一致している点が多いのに、我ながら驚いたことがある。私はベニス等の研究や考え方に一層、強い関心を持つようになった。（一三七頁第4表参照。）

ベニスは「リーダー」と「マネージャー」を区分しているが、完全に区分していない。ある部分で相互に関係している。（一三五頁第4図参照）詳しくは筆者「消防のリーダシップ・部下指導」を参照されたい。

第４表　リーダーとマネジャーの違い

ベニスのリーダー像	小倉昌男経営学・実践法
①　改革者	取締役会に反対されても目的に向かって進む強い信念、論理的思考の重視、必要情報を社員と共有する、経営者と労働者が対等の力を出しあう、小集団の起用
②　開発者	ドライバーを中心とした営業体制、年功序列の排除、社員の能力重視、サービスが先・利益は後
③　鼓舞する	従業員の自発を高める、自己管理する、共通の目的意識を持つ、目標管理の徹底、成果主義の考え方
④　長期展望	長期展望に立って段階的に事業の拡大を図る
⑤　何か、なぜかを聞く	宅配業を思うように認めない役所の理由は何か、なぜ役所は規制するのか
⑥　創造する	経営者は自分の頭で考える、宅配業務をどうシステム化するか（警察、郵便局等の配置を参考にした）、輸送資機材の開発
⑦　現状維持体制にチャレンジする	従来のトラック輸送から宅配業への転換、監督官庁に挑戦する（マスコミに正しく理解してもらう）
⑧　正しいことを行う	経営者としての高い倫理観をもつ

「小倉昌男・経営学」を参考に著者が作成。

2　そのとき首長はどう行動し、何を指示したか

福島第一原発事故と最高指揮官……突撃精神と命の安全

トップに立つ人の危機に対する基本的姿勢が重要である。東日本大震災では、首長であった菅元総理は、必死の思いで尽力されたと思うが、トップリーダーとしての在り方を考えると、リーダーシップに欠ける点が少なくなかった。

東京電力が記録していた三月一五日未明の菅直人首相の主な発言。

○被害が甚大だ。このままでは日本国は滅亡だ。
○撤退などあり得ない。命懸けでやれ。
○情報が遅い、不正確、誤っている。

○撤退したら東京電力は一〇〇％つぶれる。逃げてみたって逃げ切れないぞ。
○六〇（歳）になる幹部連中は現地に行って死んだっていいんだ。俺も行く。
○社長も会長も覚悟を決めてやれ。
○なんでこんなに大勢いるんだ。大事なことは五、六人で決めるものだ。ふざけてるんじゃない。
○原子炉のことを本当に分かっているのは誰だ。何でこんなことになるんだ。本当に分かっているのか。……（共同通信二〇一二年三月一五日）

原子炉が相次いで水素爆発を起こした。危機的状況が迫るなかで、的確な必要情報が得られないので苛立ち、感情を露わにしたことは理解できる。だが「なんでこんなに大勢いるんだ」と言ってみても、危機管理で重要な「事前対策」ができていないので情報を求めて大勢集まるのは致し方ないことである。それぞれの省庁や部署が自ら責任を持って行うべき手順、行動が決められていなければ、情報を求め会議に集まるのは当然なことだと思う。

首長はいかなる状態に置かれても、最高指揮官（トップリーダー）として感情を露わにせず、冷静に対処することが重要だ。平静心を失えば、部下や関係者の不安を高め上司に寄りつかず事態はますます悪化する。

9・11同時多発テロ事件とNY市長のリーダーシップ

米国の危機的災害に関する記事を引用し、「リーダーシップ」の在り方を考えてみたい。

二〇〇一年九月一一日に起こった同時多発テロ事件では、元ニューヨーク市長・ルドルフ・ジュリアーニは、果敢なリーダーシップを発揮し多くの賞賛を博した。自著「リーダーシップ」は、欧米社会でベストセラーになった。

テロ事件が発生した朝、ジュリアーニNY市長は、ホテルで知人と懇談していた。テロ事件を知ると市庁舎に戻るのは危険と感じ、近くの消防出張所に寄り、消防・警察本部長と連絡を取り合った。自分の所在を明確にしながら対策本部と交信し、必要に応じて指示をした。

ジュリアーニ元市長は次のように述べている。

「わたしはテロリストの立場になって考えようとした。テロリストなら、次は何を攻撃するだろう？　自由の女神か、エンパイアステートビルか、それとも国連か？　あるいは、次はまったく違うやりかたで攻撃してくるのか？　追撃砲を使うのか？　人質を取るのか？　生物兵器を使うのか？　この街のトンネルや橋が狙われやすいことも分かっていた」。（略）「リーダーシップは、自然に発生するものではない。人から教わったり、学んだり、自分で築き上げるものだ」。

リーダーというものは、追いつめられても自分の感情をコントロールしなければならない。わたしは市長として、危機的状況に見舞われた部署の人間が『パニックに陥った』という言葉を口にしたとき、二度とその言葉を使わないよう申し渡した。

『懸念をいだく』のは望ましい態度だ。慎重を期するあまりその懸念がふくらみすぎたとすれば、それはしかたがない。しかし、パニックは禁物だ。いかなる状況に置かれても、判断力をなくしてはいけない。リーダーにはそういう平衡感覚が要求される」（ルドルフ・ジュリアーニ「リーダーシップ」四〇頁　講談社）

危機の発生と人命の安全

「六〇歳になる幹部連中は現地にいって死んだっていいんだ、俺も行く」といった菅元首相の発言は、国家緊急事態の発生に伴い叱咤《しった》激励の気持ちから発したものと思うが、あまりにも強烈で部下を鼓舞する言葉ではなかった。思わず小学生の頃の「爆弾三勇士」・「人間魚雷」・「神風特攻隊」を想い起こした。「命を投げ出して」の言葉は人命軽視、悲壮感に満ちた言葉で禁句である。首長といえども部下の命を投げ出させる権利はない。

人の命を救い事故の極限防止を図るには、救う立場にある部下の安全が確保されなければ、突撃精神だけで人を救うことはできない。どうすれば危機を乗り切ることができるか、この一点に集中し、社員、隊員等の安全を考え、支援のノウハウを教え、組織の士気を高めることが首長としての責務だと思う。

戦後、平和国家として基本的人権が尊重される民主主義国家になった。しかし、今もなお人命軽視の風潮が後を絶たない。「人々の安全をどう確保するか」、トップリーダーは、ここに力点を置き、隊員を鼓舞し士気旺盛に努めることが重要だ。

（救助活動と隊員の安全管理）

世界貿易センタービルに旅客機が激突し、多くの人々の人命救助で指揮をとった、ニューヨーク市消防局・リチャード・ピッチャート大隊司令官は、次のように述べている。

「最初の激突から一時間十分以上が経っていたので、どれほど足の遅い人でも私たちが今いる三五階より下にいるだろう。炎と煙の勢いを考えれば、ここより上の階でまだ生きている人がいるとは思えなかった。そして、危険に晒《さら》されているのが消防士、警官、その他の救急隊員であることは明らかであった。それについて考えれば考えるほど、彼らを退避させるべきだという結論しかなかった。（略）私たち自身のほかに、これ以上救うべき人がいるようには思えなかった。たとえ、いたとしても、多くの消防士の命を救う代わりに少数を犠牲にすべきことはやむを得ない」

（リチャード・ピッチャート／ダニエル・ベイズナー／春日井昌子訳「9月11日の英雄たち」九八頁　早川書房）

ピッチャート大隊司令官はビル倒壊の危険を感じ撤退を指示した。指令室と交信して了解を得ようとしたが、明確な了解が得られなかった。このため自らの判断で行動を開始した。彼は指揮官として、さらに上層階に進入すべきか、速やかに撤退すべきか、冷静に判断し、「たとえ救うべき人がいたとしても、多くの消防士等の命を救うために、少数の救助すべき人々を犠牲にすることは止むを得ない」と決断し撤退を指示した。生死を境にする危機的な局面に立たなければ判断できないことかも知れない。

現場指揮に当たる最高指揮官は、状況に応じて臨機応変な意思決定と決断が必要で、ピッチャート大隊司令官はビルの倒壊に巻き込まれながら辛うじて九死に一生を得た。救うべき人の命と使命感のもとに救助活動を行う救助隊員の命と対比し意思決定すべきか、極めて厳しい判断が最高指揮官に求められたのである。

政府対策本部は、何をなすべきか

福島第一原発事故では、政府対策本部の首長、関係閣僚が直接、被災地の統括指揮官に対し指示命令を行い、多くの戸惑いと混乱が生じた。

政府の無謀ともいえる指示命令に対し、現場では上からのすべての指示・命令に忠実に従ったわけではなかったようだ。
現地の最高指揮官、原発施設を預かる管理者が、国や東京電力本社の出す指示命令に従わなかった最大の理由は何か。強烈な放射能、津波や建屋の爆発による瓦礫のなかで理不尽な指示命令に従えない状況にあったからである。このことは、戦前の大本営を思い出す。政府対策本部と最前線を統括する最高指揮官との指揮権が機能分担されていなかった。日本の危機管理は戦後七〇年が過ぎたが、今もその残滓《ざんし》が根強く残っている。改善すべき重要な課題だ。

3　現場指揮と組織

リーダーの恐怖心

日本海海戦で連合艦隊・作戦参謀として活躍した秋山真之は……

「恐怖心の強い性格であることは、軍人として必ずしも不名誉なことではない、古来、名将や優れた作戦家といわれる人物に、このような性格の持ち主が多い。人間の知恵は勇猛な性格から生まれるよりも、恐怖心の強い性格から生まれてくることが多い」。（秋山真之）

秋山真之の言葉を知り、私は自ら有能な指揮官とは思っていなかっただけに、何やらほっとした。有能な指揮官とは、声が大きく、体格が立派で、時代劇や戦争小説にでてくるような武将、肝っ玉が太く、物事に動じない豪傑肌タイプをいうのではないか、と若い頃は秘かにそう思い。恐怖心のないリーダーになるには、自らどう鍛えればよいか自問自答したことがあったからである。

「人間の知恵は、勇猛な性格より恐怖心の強い性格から生まれる」という秋山真之の言葉は至極名言だと思う。私が初級幹部の当時、勤務したある消防署のA警防課長は、何事も率先垂範する行動力のある人だった。ある冷凍会社の火災でいつものように突撃精神を発揮し、真っ先に倉庫内に突入した。ところが自動消火設備が作動しており放出された薬剤を吸い昏倒《こんとう》し、真っ先に屋外に運び出され病院に緊急搬送された。

現場では放水する班長に指示命令して、しばしばトラブルを起こしていた。このようなタイプの指揮官は勇猛果敢というよりは、むしろ蛮勇というのかも知れない。精神力を強調するだけでは知恵や創造性は湧いてこない。恐怖心を持つことで、あらゆる場合を想定し、原理原則や創造性、経験、知識等から災害活動の指針が生まれてくるのだと思う。

非常時指揮システム（ICS＝Incident Command System）

米国では、長時間を要する災害に対し、現地指揮官にＩＣＳ＝非常時指揮システム制度を取り入れているところが多い。

指揮活動を行ううえで必要な……

①　特殊災害活動
②　計画の策定
③　後方支援
④　財務

等を現場の統括指揮官に権限を付与している。

長期にわたる災害活動では、指揮官が適宜交代できる組織体制が必要だ、誰が指揮を執っても判断、指示命令に大きな差が生じないようにするには、教育訓練を通じて指揮官の資質を均一化する必要がある。米国・連邦、州政府は、緊急災害活動機関に対し、ＩＣＳを指揮活動に取り入れるよう命じている。

９・１１同時多発テロ事件では、ニューヨーク消防局（以下、ＮＹ消防局）は、上級幹部・多くの隊員が殉職した。このためNY消防局では、再発防止のためマッキンゼー社の協力を得て、合同委員会を設置し、検討の結果「マッキンゼー・レポート（報告書）」をまとめた。この報告書には、「災害活動に伴う指揮体制」は、「ICS」制度を取り入れることが重要だと勧告している。

日本の現状はどうか、東日本大震災では、このような「ICS」制度がなかった。長時間にわたり災害活動の指揮にあたる最高指揮官には、職務権限や指揮能力の均一化、交替できる制度を研究し導入する必要がある。

幕　僚

「幕僚」は軍隊用語に由来する。幕僚とは、統括指揮官に直属し戦術、戦略を考え指揮官に進言する人をいう。近年起こる災害は多種多様である。幕僚は必要だが、担当する災害領域の専門性がないと実践には役立たない。

危険物、山林火災、船舶火災、コンビナート火災、ガス火災、地下火災、土砂災害、噴火災害、洪水、航空機火災、サリン事件のようなテロ災害、原発事故等、各災害ごとに専門分野を担当させる等、専門的知識の習得、経験を高めることが重要だ。勤務する所属が変わっても、他都市で起こった災害には積極的に現地に派遣し、専門性を高める必要がある。

一朝有事の際には幕僚を迅速に災害現場に派遣するには、人事の運用管理が行えるシステムの構築が重要だ。これからの時代は、多種多様な災害に対して専門性を持った指揮官、幕僚を育てる核づくりが必要だ。

戦術と戦略

戦　術（Tactic）

戦術も戦略も軍隊用語に由来する。「戦術とは、個々の戦闘を計画し指揮する」ことを意味する。現代社会は、戦術・戦略は、軍隊組織に限らず、経済活動やスポーツ等の世界でも広く使われている。

堀　栄三（戦前、大本営陸軍部参謀を務め、戦後は陸上自衛隊陸将補、奈良県吉野村村長をされた）は自著で次のように述べている。

「戦術とは難しいものではない。野球の監督だって、碁打ちだって、八百屋の商売だってみんな戦術をやっているのだ。ただ兵隊の戦術は軍隊という駒を使って、戦場という盤のうえでやる将棋だ。だから、いまこの場面で相手に打ち勝つには、何をするのが一番大事かを考えるのが戦術だ。要するに駒と盤が違うだけで、世の中の誰もがやっていることだ。そのためには、枝葉末節にとらわれないで、本質をみることだ。文字や形の奥の方には本当の哲理のようなものがある。表層の文字や形を覚えないで、その奥にある深層の本質をみることだ。世の中には似たようなものがあるが、みんなどこかが違うのだ」。

（堀　栄三「大本営参謀の情報戦記」二一頁、文春文庫）

戦術とは、火災を例に挙げれば、出場に伴う道路選定、現場到着時の水利選定、火災の延焼状況、風位、風向、延焼危険、情報把握、小隊、中隊の進入、消火、救助、延焼阻止など、消火、救助、救護など、個々の小隊、中隊の指揮活動を通じて効果的に行うことが戦術と言える。

戦　略（Strategy）

「戦争論」で有名なクラウゼヴィッツは、「戦略とはギリシャ語に由来し、軍司令官、戦略家を意味する。」「戦略」は、「戦術」よりは広範囲な作戦計画、各種の戦闘を総合し、戦争を全局的に運用する方法をいう。「用兵の才略」、「戦いで才智《さいち》と謀略」に長けた指揮官は、「戦略に長けた人をいう」と述べている。

また戦略には、次のような特質があると述べている。

○戦術と戦略との差異に関する結論は、戦術は兵力を小出しに（継続的に）使用しても差し支えないが、戦略は兵力を必ず同時的に使用せねばならない。

○戦略における重大な決意には戦術におけるよりも遥かに強固な意志を必要とする。

○将師は、自余いっさいのものを推測し推定するよりほかに途《みち》がなく、従って戦略において戦術におけると異なり、自分の眼で直接に見ることのできるものはせいぜい事態また確信もゆるがざるを得ないのである。（クラウゼヴィッツ／篠田英雄訳「戦争論」岩波文庫）

戦争と災害の目的は異なるが、危機への対応、作戦指揮、部隊の士気、運用など類似する点が少なくない。私はクラウゼヴィッツ「戦争論」、モルトケの作戦、戦略、高級指揮官に与える教令に関する理論、孫子の兵法等（戦略論体系・芙蓉書房）を危機管理、広域災害を考えるうえで参考にした。

部隊や機動力を駆使し災害という名の戦争に挑戦するには、戦術・戦略について理解を深め

第５図　戦略・戦術

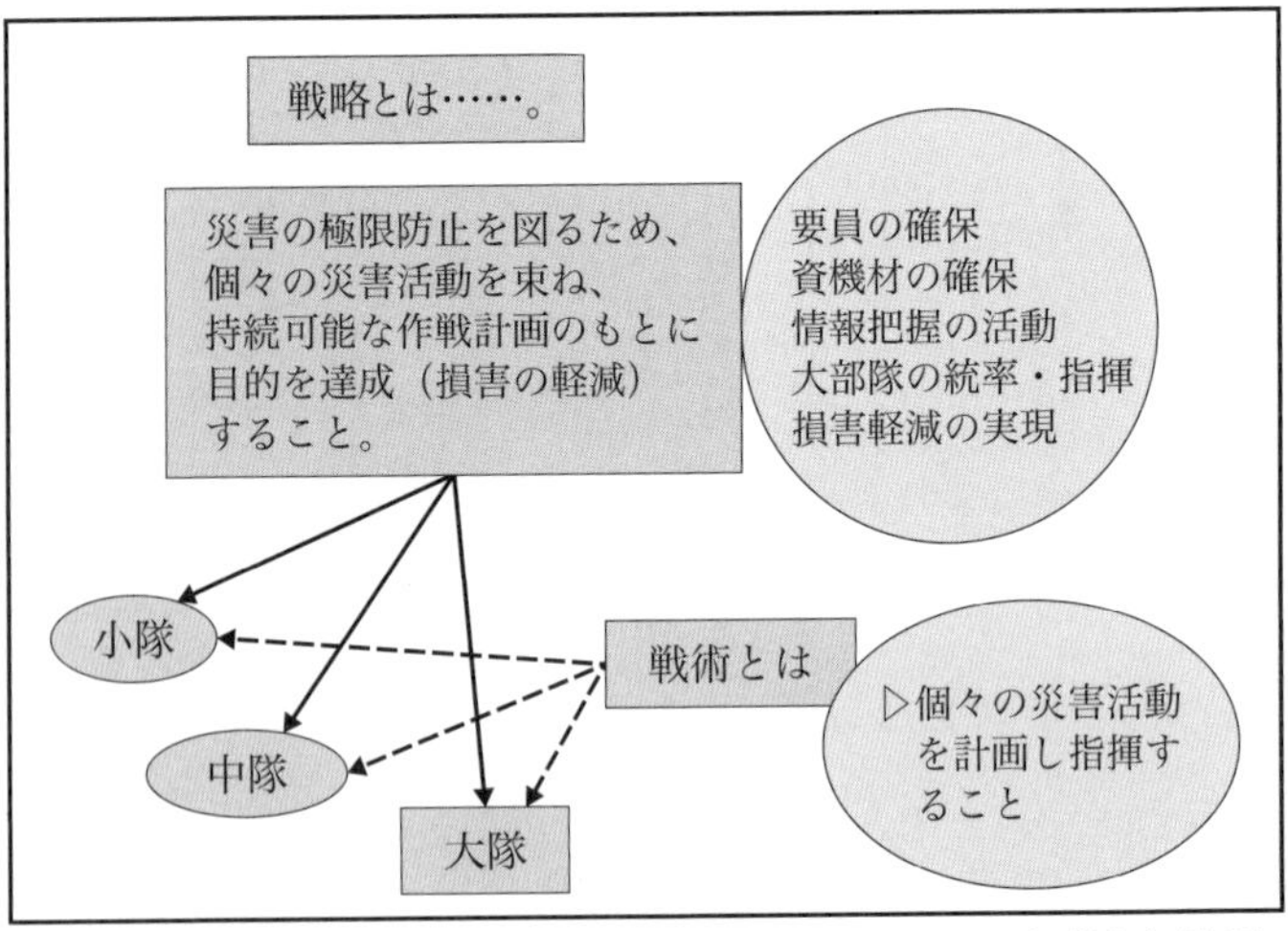

「災害危機管理のすすめ」自著より引用

る必要がある。だが日常の災害活動では、もっぱら戦術的に対応することが少なくない。このため、どうしても戦略について深く考え研究しようとはしない傾向がみられる。平素から最悪事態を想定した「戦略」の在り方を考え訓練しておくことが重要だ。

既に述べたレオボスナー（第一章二八頁参照）は、「日本の災害訓練は、通常、下稽古が行われ、台本の技術の披露を行うことが多い、これでは意思決定の練習にはなっていない」と厳しく指摘している。私もこのような訓練に参加してきた一人で責任の一端があるが、これから指揮官になる方々は、大いに、レオボスナーの苦言に耳を傾けてほしい。

これまで行われてきた訓練の多くは、テントを設営し、訓示・挨拶、部下からの報告、部隊検閲、訓練が行われてきた。ここには、統括指揮官の訓練は見当たらない。これでは突然起こる危機的災害には対応できない。形式的な訓練を改め実践に役立つ訓練に転換しないと、首長、指揮官の能力は向上しない。

大地震、集中豪雨等で幹線道路が不通になる、ライフラインが途絶し地域が孤立した、急病人が発生した、情報通信が途絶した、といった事態にどう対処すべきか、実践さながらの生きた訓練を行うことがなによりも重要だと思う。

被災状況をマクロ（鳥瞰《ちょうかん》的）に把握する

① 災害状況の全体把握、人命救助、被害の拡大等、優先すべきは何か。
② 個々の部隊が円滑に活動（戦術的）しているか、苦戦している部隊はどこか、支援部隊を送る優先順位はどこか。
③ 人員、装備、機動力、食料等に不足はないか。
④ 個々の部隊は、持続可能な災害活動が円滑に行われているか。
⑤ 兵站的なバックアップ体制ができているか。

過去に起こった災害事例

① 災害活動に伴う消防車両の燃料不足。
② 消火薬剤の欠乏。
③ 装備の不備。
④ 隊員の疲労に伴う交替要員の確保等。
⑤ 広域的に運用すべきヘリコプターの運航に支障が生じた、どう対応すべきか。

⑥　市内の混雑で支援物資の車両の進入に支障をきたし物資の配布が遅れた。

このような事態にどう戦略的に考えたらよいか、平素から研究し、訓練しておくことが重要だ。

過去の戦法を研究せよ

「あらゆる戦術書を読み万巻の戦史を読めば、諸原理、諸原則はおのずからひきだされてくる。みなが個々に自分の戦術をうちたてよ、戦術が借りものでは、いざというときに応用がきかない」

（司馬遼太郎「坂の上の雲」二巻　一六二頁）

危機に対応した作戦・戦術を考えるには、教訓とすべき災害事例を参考に徹底した研究が重要だ。「勇猛果敢に闘った」といった話は実に多い。だが「失敗した」、といった話はタブーなのか、この種の話は極めて少ない、「失敗に関する記録」もほとんど見当たらない。

「失敗は最大の教師」である。将来、起こるであろう大災害に対応するには、失敗等の経験を真摯に受け止め、新たな作戦、戦術、戦略に反映させる必要がある。

「失敗した」、「うまくいかなかった」理由は何か、「他にとるべき戦法、戦術、戦略はなかったか」といった失敗の本質を明確にし、記録に留め、訓練に反映させ改善する職場風土を作ることが、危機管理に強い部隊、職場風土を醸成するうえでの基本である。

特に、危機的な大災害では、作戦・戦略を通じて反省すべき点が少なくない。とかく「勇猛果敢に、かく闘えり」だけを先行させないで、上級指揮官は、評価すべき点と反省すべき点を冷静に明確に把握する必要がある。だが、現実の問題として、サリン事件のようなテロ災害になると、陰の部分（部隊の被害状況、活動に伴う障害、失敗等）がほとんど表面化されていない。これでは次の災害に生かすことは難しい。失敗・反省・改善をしっかりと行わないと、同じ失敗や過ちを繰り返すことになる。失敗を恥とせず、失敗を隠さずものごとを前向きに捉え、検討し、将来に活かすことが危機管理の要諦である。

経験と指揮能力

本書の序論で述べたことだが、敢えて繰り返す。ビスマルクは、**「愚者は自分で経験して学ぶ。賢者は他人の経験を『追体験』して学ぶ」**と述べている。経験は重要だが、限られた勤務年数で「あらゆる災害を実体験をすること」は不可能なことである。必要なことは、ビスマルクがいう「追体験」が重要だ。

追体験とは、他人が経験したことを想像し、認識し、多くの災害事例を学び教訓を通して、指揮官、隊員（担当者）の能力を向上させることをいう。

災害規模と戦力

最近の戦争は無人機やロケット弾を使って敵を攻撃する時代になった。だが、人命救助、検索、火災、原発事故等になるとロボットや無人機を使って人を救出することは現状では難しい。どうしても人海戦術に頼らざるを得ない。

火災を例にあげれば、米国では「火災勢力を上回る消防力を確保せよ」が、消防活動の鉄則(Managment in the Fire Service「消防行政管理」ＮＦＰＡ発行)になっている。だが、日本の実情は、米国の考えとは異なる。

私の消防体験からいえば、少規模な部隊で悪戦苦闘し、ようやくの思いで火災を鎮圧すれば、「よくやった！」と褒められるが、大事をとって応援要請を行うと、火災鎮圧後、焼失面積と出場した部隊の数を見比べ、焼失面積が少ないと、「この程度の火災で何故、応援要請が必要だったのか」と疑問視される傾向が強かった。

東京・品川区で消防署長をしたことがある。人口密集地域で一方通行の路地や消防車が進入できない火災危険地域が多かった。心配は常に延焼火災であった。当時は電車の通過待ちで、目の前の火災に即応できず、消防隊が踏切で立ち往生することがしばしばあった。このようなときは迷うことなく直ちに応援出場（消防隊の増強）を要請した。

焼失面積と出場した部隊の数で対比することは明らかに誤りである。あくまでも、現場指揮官が人命の安全や延焼危険度が高いと判断すれば、「火災勢力を上回る消防力」を確保することが重要だ。

過剰な消防力を投入することは控えねばならないが、さりとて余力のない瀬戸際作戦での消火活動は、一歩誤れば延焼拡大させ人命の損傷を大きくする。危機的な災害もまた、災害規模を上回る体制が必要である。

＊戦いは、大軍を投入して短期間に勝を決せよ。（マキャベリ）

＊勝利は大兵に存す。（ナポレオン）

＊戦略の第一要件は、大戦力をもって戦いに臨むことにある。（クラウゼウィッツ）

＊所要に満たない兵力を逐次に使用することは、大なる過失である。われより優勢な敵と戦えば勝てるはずがない。（作戦要務令）

第四章　行政の危機管理と国民の安全

1　国の危機への備えはこれでいいのか

日本が直面しているのは危機ではなく、時代の変わり目である。

時代が変わったことを認め、その変化に対応していくための意識改革に取り組むべきである……

変化を拒絶してはならない。


（ピーター・F・ドラッカー）

総務大臣の所掌事務に「緊急消防援助隊」

国の消防庁は法令等を通じて総務大臣、消防庁長官に次のような権限を付与している。

○総務大臣に緊急消防援助隊の編成・整備に関する計画の策定
○消防庁長官に出動の指示権

総務大臣の主たる事務は、「行政制度の運営管理」、「地方自治と民主政治の確立」、「地域社会の形成」、「国と地方公共団体との連絡協調」、「情報通信」、「電波の利用」等である。

ところが、地方自治法の特別法である「消防組織法」には、総務大臣の所掌事務に次のことを定めている（第四五条）。

「総務大臣は、緊急消防援助隊の出動に関する措置を的確かつ迅速に行うため、緊急消防援助隊の編成及び施設の整備等に係る基本的事項に関する計画を策定し、公表するものとする。これを変更したときも、同様とする」。また、同条第三項には、「総務大臣は前項の計画を策定し、又は変更しようとするときは、あらかじめ財務大臣と協議するものとする」。

この条文は何度読み返してみても、総務大臣に緊急消防援助隊の事務を所掌していることに唐突さを感じる。失礼ながら、消防という仕事についてのご経験や知識のない方に「部隊の編成」、「施設の整備」の基本計画が策定できるのか。更に「計画の策定」、「計画の変更」の都度、財務大臣と協議する、と定めてある。

緊急消防援助隊が活動するには、部隊の編成、運用、施設の整備は、必要に応じて変更する場合がある。しかも状況に応じて迅速に対応しなくてはならない。その都度、財務大臣と協議していたのでは救う命も救えない。緊急消防援助隊等に関する事務は、実務に携わる（緊急消防援助隊の部隊）、プロ消防が自ら行うべきものである。

段としか思えない。

緊急消防援助隊と消防庁長官の指示権

消防庁長官に法令で定めた緊急消防援助隊を動員する「出動の指示権」は、どう見ても姑息な手段としか思えない。

「国の機関である自衛隊、警察庁長官の指揮監督を受ける都道府県警察は、階級制度の基に一体となって災害活動を行うのに対し、国の消防庁は、危機が起これば市町村消防の緊急消防援助隊を牛蒡抜きにして、消防庁長官の指示（権）に従うと法令で定めている」。

ＦＥＭＡのような直属の部隊がないので、見てくれだけの体裁を整えたのであろう。いつ起こるか分からない危機に対し、このような場当たり的な国の消防庁の対応で、国民の安全を守る実効性のある消防活動ができるのか疑問に思う。

国の消防庁は自ら危機管理体制の充実強化に努めようとしない。国の予算で購入したヘリ、車両は、主な都市消防に委託管理させている。ＦＥＭＡのような専門部隊の創設。危機管理に強い専門職員を養成しようとしない。危機が起これば手足がない。そこで市町村消防の緊急消防援助隊に目を付け一時的にせよ借り物の部隊を自らの配下に置く。失礼な言い方かも知れないが、「人の褌で相撲をとるようなもの」である。先進国として誇れる消防の姿ではない。

①　南海トラフ大地震と国の消防庁の危機管理

南海トラフ大地震の発生に備えて、国の消防庁は、全国の緊急消防援助隊を被災地に迅速に派遣するための運用計画を公表した。（東京・二〇一六年三月三〇日）

東海、近畿、四国、九州の四パターンに区分し緊急消防援助隊は大規模災害時に他地域から被災地に入り、人命救助などに当たる。派遣先は静岡、愛知、三重、和歌山、徳島、香川、愛媛、高知、大分、宮崎の一〇県を対象にしている。

各部隊は地震発生直後に活動を開始する。被災地に向かう途中にある高速道路のサービスエリアなどの広域拠点を目指す。その間に消防庁長官は被災状況がどのパターンに当たるか判断し、各部隊は決定を受け事前に指定された被災地に入る、と定めている。

自然災害は人が作った計画や対策に合わせてくれない。高速道路は安全と考えて計画しているようだが、過去の大災害では市街地での高速道路の倒壊、山間地帯での土砂災害、道路、橋梁等の崩壊を起こしている。

災害は生き物である。リスクは変動し一定ではない。次に何が起こるか分からないのが災害の特性である。このため災害の状況に応じた臨機応変にして迅速な部隊運用が必要だ。机上のプランとしか思えない危機意識に乏しいこの運用計画では、首都直下、南海トラフ大地震等の巨大地震には到底、対応することはできないと思う。

危機管理は、平時の災害の延長線上にある。平素の災害活動、訓練、部隊の運用計画、作戦、戦略、指揮官の能力、指揮官と隊員との人間関係の絆等があって、はじめて指揮統制、情報、連絡等、部隊活動が円滑に機能し成果を挙げることができるのである。指揮官の地位、権限、指示、命令で部隊が思うようには動くと考えるのは早計で、ここには災害活動の基本が見当たらない。

② 消防力を弱める消防部隊の二極化

緊急消防援助隊を消防庁長官の配下におくことで消防力は二元化され消防力は弱体化する。企業、行政等を問わず如何なる組織においても多くの人材、多種多様な技術（技能）、専門性をもった人材がいることで、組織は活性化し成果を挙げることができるのである。

緊急消防援助隊員は、厳しい訓練を受け専門性を持った一騎当千の部隊だ。年齢も若く克己心、リーダーシップが旺盛で行動力がある。隊員を一時的とはいえ長官の配下に入ることで、市町村の消防力は分断され部隊全体の士気に大きく影響する。

危機的災害が起これば、消防力を結集し、それぞれの専門部隊が目的に応じて持てる能力を最大限に発揮することができる。部隊の運用にあたる指揮官には、高度の作戦・戦略・戦術、強いリーダーシップが求められる。レオボスナーの提言（二八頁）、孫子の兵法書（三四頁）を今一度想い起こしていただきたい。

③ 国の責務、自治体責務の明確化

自衛隊はこれまで危機的な自然災害等で多大なる貢献をしてきた。国民の自衛隊に寄せる信頼は極めて厚い。だが、今後も大災害が起これば必ず自衛隊が支援に駆けつけるかとなると、必ずしもそうとは思えない。日本は長年にわたり安全社会であった。だが、近年、日本を取り巻く環境はリスク社会へと大きく変化している。

近隣諸国との関係、尖閣列島問題、領土侵犯、安保法制に基づく海外への支援、協力等、自衛隊の受け持つ領域は従来にも増して拡大している。原子力事故、大地震、噴火災害、洪水、土砂災害、疫病、テロ災害等に加えて、外国からの侵略、海外支援等、担当する領域は広い。災害が同時あるいは前後して発生すれば、自衛隊の主たる任務である国土防衛を最優先になるのは明白だ。

自衛隊の支援が受けられないとなると、国民の安全を守るのは、消防、警察、自治体職員、市民になる。危機管理は「最悪事態を想定せよ」が基本だが、最悪事態を想定した検討が、残念ながらなされていない。民間防衛・防災組織、地方自治体を中心とした危機管理の在り方を検討すべき時代にきている。

自治体は国の指示に従い、国民は自治体の避難指示に従うだけでは国民の安全は守れない。

自治体が主体となり能動的に活動できる防災組織体制に転換する必要がある。地方公共団体が危機に対し国に隷従する限り、「自治体の危機管理能力」や「国民一人ひとりの危機意識」は向上しない。他国からの侵略、テロ等の軍事に関する災害を除けば、自治体が主体となって危機に対応できる組織体制への転換が急務である。民力抜きで国民の安全を守ることは不可能だ。問題を先送りすることなく国民の理解を得るための努力が必要である。

国は有事に際し「国民の安全を守る」というが不可能なことである。あえて繰り返すが、小学生の頃、東京大空襲で焼夷弾、爆弾が雨霰《あられ》のごとく降り注ぐなかで、消火、救護に当たったのは、警防団や町会の人々だった。警官、消防士、軍人の姿はどこにも無かった。

このことを思い起こすと、国だけで国民の命の安全を守ることは不可能だと確信している。戦争は絶対にしてはいけない。だが、危機的な自然災害、テロ、侵略に対して民間防衛・防災組織は必要だ。

国の消防庁は市町村消防が有する緊急消防援助隊に対し、手足を縛りつける条文を設け、どれだけの意味や効果があるのであろうか、これでは実務に携わる消防は単なる労務提供機関に過ぎない。

国の消防庁は持てる権限を背景に法令を通じて、形式的な法文を定め統括したいのである。危機的災害（危機管理）は、すべて国の仕事だと考えているようだが。危機に備えた専門部隊を持たない国の消防庁は、机上の仕事で計画や権限を持ち、実務経験のない官僚達に任せている。

国が所有する「ヘリ」・「特殊車両」の運用は経費も含めて自治体任せ

「国の消防庁の**ヘリの数は五機になった**」とマスメディアは報じる。この記事を読んだ国民は、国の消防庁は五機のヘリコプターを所有し、パイロット、整備士、隊員等、すべて国の費用で運用管理していると思うであろう。だが実態は然に非ずで、購入した国の消防庁が保有するヘリコプター、特殊車両の運用は、主な政令都市の消防本部に管理させ、パイロット、隊員、整備等に必要な維持管理費はすべて自治体任せである。災害や視察、訓練等があれば、必要に応じて使用するのである。府県の持つ防災ヘリコプターもこれに似た運用をしている。県の予算で購入するが、ヘリコプターの運航に必要なパイロット、無線通信、整備等は民間企業に委託している。救助隊員は市町村消防本部から隊員の派遣職員で賄っている。ここには、組織として一元的な統括する指揮系統がない。これでは災害活動や訓練に伴う指導体制や安全管理は十分とはいえない。パイロット、隊員は必要に応じて交代するので、防災活動に必要なノウハウが蓄積されない。

長野県、埼玉県、岐阜県の防災ヘリは、救助や訓練で大きな事故を起こした。搭乗員に知識、経験、技術、ノウハウが欠如していたのだと思う。山岳遭難等の救助となれば大きな危険が伴う。高度の技術、経験が必要だが、搭乗員は適宜交代し、十分な指導体制がないままに運行するので、大きなリスクが伴うのである。

（ヘリ運用は一元的組織の基で広域的運用が必要だ）

平時をはじめ危機的災害時には、ヘリによる情報収集、患者の緊急搬送、隊員、資機材、物資の輸送などヘリを活用した戦略的な部隊活動が必要だ。

現在、ヘリの運用は、県の防災ヘリ、主な政令指定都市に消防ヘリが配備されている。都道府県消防組織に改め一元的組織、広域的な運用を図ればより効率的で効果的な災害活動が行える。

消防の幹部教育と警察・自衛隊との比較

警察、自衛隊の幹部教育は、現場経験のある上級幹部が教育のトップの座を占めている。これに対し、消防は現場の知識、経験のない行政プロパーが消防教育のトップの地位に就いている。

警察大学校校長は県警本部長等を歴任した経験者。自衛隊は防衛大学校（四年制）、陸上・海上・航空自衛隊の幹部候補生学校で訓練を受けた現場経験のある有能な陸将補、海将補、空将補が学校長になっている。プロを育てるには、プロでしかできないのである。消防は市町村消防であるが故に、消防実務を知らない官僚や行政職の下で教育訓練を受けている。改善すべき大きな問題である。

アマがプロを教育する消防組織

国の消防大学校校長、府県消防学校校長は、行政職として有能な方だと思うが、消防実務は未経験、しかも二年程度の人事異動で交代する。管理的な事務処理は、国や県の職員がそれぞれ処理している。教育政策、幹部教育や教育技法等になると、ほとんど行われているとは言い難い。この背景には、国の示す準則、実施基準を参考に実施していれば、事が済むからである。

消防大学校には教育科目に基づく専任教授はほとんどいない、いても極めて少ない。助教授は市町村消防本部から派遣される消防司令クラスが助教授になっている。二年程度で交代するので専門科目の多くは、外来講師に依存している。

府県消防学校は、府県内の市町村消防本部から司令補クラスが教官として派遣され、二年程度で交代する。幹部教育は、多くは外来講師に依存している。実科訓練は、市町村消防の派遣職員で賄い、幹部教育の多くは外来講師に依存している。

グローバル化した現代社会は、先進国の進んだ消防教育訓練に学ぶべきところが多いが、専任の教授体制や専門性が確立されていない。このため先進国の消防事情に疎い。消防教育に関する研究開発が遅れており懸念される。

2　なぜ都道府県の消防組織が必要か

市町村消防では危機には対応できない

過去に起こった危機的災害では、個々の市町村が単独で危機を乗りきった事例は見当たらない。最近、大地震、巨大台風、噴火災害、土砂災害、神奈川県相模原市で起こった障害者福祉施設の殺傷事件（死者十九名、重軽傷二十六人）では、他都市の救急隊が支援した。巨大化する自然災害、異常な犯罪事件等、従来みられなかったような災害がいつ、どこで起こるか分からない。一市町村では危機に対応することができない時代になった。

消防本部の数は、全国で七三三本部（二八年消防白書）ある。私は消防を退職後、二十数年に亘り、講師として消防教育に携わってきた。幹部研修の事例研究を通じて、市町村消防には行政、教育、人事管理、勤務制度、教育等に大きな格差があることを知った。

この格差を是正するには、都道府県消防体制の組織改革が必要だ。個々の市町村が独自で市民の安全を守ることが難しい時代になった。市町村相互の協力は必要だが、都道府県を超えた支援体制が従来にも増して重要になってきた。

危機的災害が起こるたびに、国の消防庁が主導的に都道府県を飛び越え、直接、市町村消防を統括指示するのでは、多くの手続きや調整が必要で迅速に危機に対応することができない。都道府県体制に改め、プロ消防が中心となった体制づくりが必要だ。

総務大臣に慣れない緊急消防援助隊の編成・整備計画の策定、長官の指示権等は、危機に対し、災害の状況に応じた弾力的な運用を行うことは難しい。

進まない市町村消防の広域化

消防行政の広域化は、消防庁長官通知（平成六年）に基づいて、都道府県が策定する「消防広域化基本計画」により進められてきた。だが現状は遅々として進んでいない。広域化が進まない現状に、国は、消防機関のより「柔軟な連携・協力等の推進」を基本的な指針にしているからである。

第二十八次・消防審議会が国に提出した資料「今後の消防体制の在り方に関する論点（案）」に次のことが述べてある。（ゴジックは著者記す）

広域化の具体策として……。

○消防業務のうち一部の業務ごとにその業務の性質に応じて、具体的な**連携・協力**等の手法を選択するといったより柔軟な形での**連携・協力**等を進めることが有効ではないか。

○より柔軟な**連携・協力**等の一つの形態として、警防活動については、一定規模以上の圏域において、指令の共同運用による**連携・協力**を進めることが、消防力の向上に極めて有効ではないか。

○より柔軟な**連携・協力**を進めていく際には、中核的な消防本部を中心として、近隣の消防本部との広域的な**連携**を図ることが必要ではないか

○中核的な消防本部が果たすべき役割を明確化すべきではないか。

○都道府県は、市町村に対し助言、**連絡調整**、人的・財政的な支援をより積極的に行うなどリーダーシップを発揮することが求められるのではないか。また、条件不利地域において、何らかの補完機能を果たすことも検討課題となるのではないか。

○国の役割として、国は消防機関のより柔軟な**連携・協力**等の推進などに係る基本的な指針を定め、必要な支援策を講じることが必要ではないか。

○指令の共同運用による**連携・協力**を進めることが、消防力の向上に極めて有効ではないか。

短い文章だが、「**連携・協力**」が執拗に目につく、「**連携・協力**」頼みでは百年たっても県レベルの広域化には行き着かないだろう。いつ起こるか分からない巨大地震は決して待ってはくれない。

私が勤務した東京消防庁の組織にも手続き上の問題がある。東京消防庁は、東京都全域を管轄する消防機関だと思う人々が多いと思う。だが実態はそうではない。法令では東京都二三区を市とみなし東京消防庁を設置している。これに二三区を除く都下・市町から事務委託を受けている。伊豆大島の三原山の噴火災害では、全島民が避難したが、島しょ地域は事務委託を受けていない。このため、即、災害支援に向かうことができなかった。消防総監の命を受けた、警防部長がヘリコプターで大島町に出向き町長と会い、支援要請をするか、どうかを打診し町長の要請を受けて、はじめて消防部隊を派遣したのである。

消防の事務委託制度は、戦後、七〇年になる。東京直下大地震が懸念される今日だが、現在でも、東京都全域が管轄できていないのである。しかも区長のなかには、「消防事務を区の事務にしたい」といった意見を時折、耳にする。消防事務委託を解消したいと言われれば反対する理由はない。その意味で都の消防事務の法的安定性は確保されているとは言い難い。だが、警視庁は都道府県警察なので、東京都全域を管轄している。東京消防庁は市と見做《みな》されている関係で、都としての消防教育訓練機関が必要となる。このため、「東京都消防訓練所」を設けて、東京消防庁・消防学校長が兼務している。都道府県消防になれば、このような組織上の不合理性が解消される。

専門化が進まない市町村消防組織

市町村消防組織は、小規模な本部が多い。人員が少ないので業務の専門化が進まないところが多い。救急救命士、特別救助隊員等の専門化は進んだが、国家資格を必要としない職務は、予防行政を含め専門化が遅れている。

専門化の遅れは人員だけの問題だけではない。人事管理にも問題がある。総務から予防、予防から警防等、命ぜられた仕事は誰でもできるように互換性のある人事管理を行っているところが多い。これでは複雑多岐化した業務を能率的に処理することができない。これを改める必要がある。互換性のある人事管理では、いつまでたっても専門性をもった職員は育たない。だれでもできる、何でもできる職務は、今や単純業務に等しい。消防は専門化を進めないと社会の信頼は得られなくなるだろう。

消防教育の充実強化

① プロを育てるのはプロの手で…（「アマがプロを教育する消防組織」（一六六頁）で述べた。）

② 消防学校の管理者と任命権者は同一組織で

市町村消防から府県消防学校で教育を受ける学生の任命権者は市町村（消防長）。教育訓練を行うのは道府県の消防学校長（事務は、道府県の職員）、任命権者と教育訓練実施者が同一組織であれば、教育方針、施策、計画等、組織のトップマネジメントと一体的になるので一貫性のある教育訓練を行い教育成果を高めることができる。

③　消防幹部学校の新設を図れ

現在の消防学校教育は初任教育（新任消防士の教育訓練）に重点が置かれている。幹部教育は教育全体の片隅に置かれている。幹部教育の指導体制は主として外来講師に依存し、幹部学校として専任の講師、教官はいない。このため幹部としての意識付けを行うことは難しい。

昇任に伴い消防士長、消防司令補、消防司令を対象として行うので幹部としての能力を養うよりも「階級別講習」といった方が適切かも知れない。管理職である消防司令長の教育は教育期間が短い。有能な幹部を育てるには、幹部教育制度の在り方を抜本的に見直す必要がある。消防大学校、消防学校の在り方を含めて検討すべき重要な課題である。現在の消防学校組織で幹部教育の責務を負わせることは、能力の限界を超えている。

④　低迷する予防行政

最近、「消防の予防行政能力が低下した」といった話しをしばしば耳にする。小規模な消防本部の話しだけではない。大都市消防においてもささやかれている。

超高層ビル、地下街など都市構造の変化に伴い、防火管理、防災設備が高度化、複雑化している。防火管理体制をはじめ建築同意、危険物の取締り、立入検査、法令違反に伴う違反処理、火災原因調査など、社会構造が著しく変化するなかで、行政の専門性が問われている。予防行政の低迷は、災害を未然に予防、回避し国民の安全を守るうえで重大な問題である。あえて繰り返すが、市町村消防は長年にわたり階級制度の中で互換性のある仕事をさせてきた。特別救助隊、救急救命士といった職務は専門化したが、予防行政をはじめとするその他の分野は、旧態依然で専門化が進んでいない。昨日まで災害活動の分野で仕事をしていた職員が、辞令一つで、予防事務を命ぜられる。これでは高度化、複雑化した予防事務を適切に処理することは難しい。このため進んで予防事務を希望する職員が少ないという。

予防事務の低迷は、「違反処理件数」をみれば一目瞭然で処理件数は極めて少ない。このことは災害リスク、潜在危険が増大していることの証左でもある。市町村消防は、地元有力者の意向で違反処理を躊躇《ちゅうちょ》するといった話しを聞くことがある。このことは私も現職の頃、実際に経験したことがある。市町村消防は、都道府県消防に転換し予防行政の専門化を図る必要がある。

都道府県消防論を述べたが、消防を知らない読者の方々は、これらは危機管理の問題かと疑問に思う方がいると思う、だが、消防の予防行政は、火災予防、査察、危険物の取締り等、処理を誤れば重大な危機的災害に結び付く。組織体制、教育、有能な人材の育成等は、広い意味で危機管理の範疇《はんちゅう》で捉えるべき問題である。

現代社会は大きな変革の時代を迎えている。市町村消防は、戦後七十数年になるが、特に組織体制は時代の変化に対応して整備されてきたようには思えない。国民の安全を守る権威ある消防になるには先見性を持った気概のあるオピニオン・リーダーの育成が重要だ。

作家・童門冬二は、ある対談で次のように述べている。

「幕府が中央政府としてやるべきこと、やらなきゃいけないことと、藩が地方公共団体としてやるべきこと、やらなきゃいけないことのすみわけが、江戸時代には、きちぃっとしていたと思うんです。……治安の問題、危機管理、あるいは広域的な国土開発とか環境保全とか金融政策とかいろいろあったんですけれども、その割り振りが幕府体制の方がはっきりしていたかなということが一つです。もう一つは、公が救いの手を差し伸べる公助、それから地域共同社会でお互いに、いろいろなことをやり合わなきゃいけない互助、それから自分で自分のことをやっていく自助という三つの組み合わせが割りあいにコンセンサスとして成立していたのかなと思いますね」。

童門冬二が指摘する、国と自治体との機能分担について見直す必要がある。

何ごとも国が主導でなければいけないといった風潮が極めて強い。地方に権限や財政を委譲し、社会全体の発展と安全を目指す政策が欠けている。東日本大震災では政府主導型の危機管理は、ことごとく失敗した。国と地方の機能分担、専門化・システム化が欠けていたからに他ならない。

「国には危機管理に関する多くの知識と専門性がある。自治体には危機管理に関するノウハウがない」といった為政者、官僚の驕《おご》りが依然大きい。だが、このような時代遅れの考えは極めてナンセンスである。どんなに立派な計画、法令を整備してみても、結果を重視しない「尻切れ蜻蛉《とんぼ》」の法令を作ってみても、どれだけ成果を収めることができるのか、となると全く無関心といっていいだろう。ここには「マネジメント」の考えが著しく欠けている。「結果重視」、「成果」が何よりも重要なのである。

あえて繰り返すが、国、都道府県、市町村の行うべき責務、事務の範囲、権限を明確にし、危機への対応の在り方を抜本的に見直し改善する必要がある。このような提言に反対する意見も多いと思うが、これからの日本社会の危機への対応、社会の安全、消防行政の充実強化を図るには、避けて通れない道だと私は思う。

地域特性のない訓練施設

多くの消防学校施設について思うことは、いずれの消防学校も校舎（教場）、講堂、車庫、プール、訓練塔、学生寮、防災教育センター等が中心で、教場といえば板書、机、腰掛け、パソコン、スクリーン等が標準的なパターンである。

港湾地域、山岳地域、高層ビル・地下街のある大都市、コンビナート地域など、地域によって災害の発生状況に大きな違いがある。地域で起こりやすい災害の特質に着目した教育訓練施設の設置が必要だ。小学校や中学校に似た教室、講堂、体育館、プール、防災教育センター、寄宿舎といった教育訓練施設では多様化する災害に対し不十分だ。

救急、予防・消防設備、危険物、警防（災害）、火災原因、調査等の授業には、教場内に実物教材やモデル化した教材を取り入れ、講義をしながら必要に応じて、実物教材を示し、学生に触らせ、操作させ、実用的な教育訓練を行う必要がある。私は消防学校の改築計画が具体化したとき、好機到来と考え、力を入れたのは実物教育であった。現場の災害記録、映像等を教育に反映させることが重要である。

実用的な消防教育訓練の重要性

「校長　それ〜マジですか？」　S係長が身を乗り出すようにして私の顔を見詰めた。

「本物の電車を入れるのだよ〜本物を〜」と私は笑いながら答えた。

消防学校の全面改築に伴い「本物の電車」の導入を巡って、事業計画を担当する係長とのやりとりだった。「新しき酒は、新しき革袋に」ではないが、職業教育を行う消防学校は、実用的な教材をより多く取り入れることが重要だと考えていたからである。

「電車」だけではない。教場の在り方も創意工夫をこらし実物教材を取り入れることは、講話やテキスト中心の教育よりも学生に興味と関心を持たせ教育効果を高めるうえで重要だ。

数年後、私は消防学校の落成を見ることなく退職した。あるとき所用ため学校を訪れると、案内役のA係長がニコニコ顔で出迎えてくれた。「本物の電車が入りましたよ」、本物と聞いて大変嬉しかった。立派な校舎、設備、実物教材等を眺めながら学校施設の整備に尽力してくれた方々に感謝した。

「実は消防学校の完成に伴い、都の監査がありましてね、監査員に「電車」を見られてはまずいと思い隠しました」。「隠した?」の言葉に私は思わず返す言葉に窮した。「どうして隠す必要があったのか?」と聞きたかったが止めにした。思うに「予算の無駄遣いだ」と監査員に指摘されるのを懸念したからだと思う。

心配する気持ちは分かるが、なにも新品の電車を入れるのではない。第一線から引退した中古電車を訓練に使用するのだ、遠慮することは毛頭ない。質問されたら堂々と「消防学校は職業訓練学校です。人命救助に必要な訓練を行うには、実践に役立つ教育資機材が必要です」と胸を張って答えて欲しかった、これが私の偽らざる心境だった。

米国はプラグマティズム(実用主義)の国である、これに対し、日本は画一的、精神的、形式的、規律を重視した教育に重点が置かれてきた。階級制度を取り入れた消防は、戦前の軍隊のような精神や規律に重点を置き過ぎている。このため個々の能力の向上、行動科学、人間心理、作業能率、科学的管理等のマネジメント教育になると、この分野の研究・施策が遅れている。

米国の主要都市の消防学校には、プロパン、重油、ガソリン等の災害に対し実践的な訓練施設が設けてある。船舶火災には、見上げるようなコンクリート製の実物を模した船の一部を設けて、訓練を行っている。実物教育、実用主義の考え方は大いに学ぶ必要がある。

消防大学校で副校長をしていた当時、ＮＦＰＡ（米国防火協会）の会長が視察に見えた。校舎、講堂、訓練等、体育館、図書室、宿舎を視察した会長は、多くを語ることなく引き上げた。別れの挨拶で、「帰国したらＮＦＰＡ（米国防火協会）の出版物を別便で送るからね」と微笑みを浮かべながら言ってくれた。後日、参考図書の入った段ボール箱が届いた。消防大学校には、見るべきものが無かったからだと私は密かに思った。

3　災害活動の効率化

災害支援と事前対策

福島第一原発事故の炉心冷却は、自衛隊（ヘリ・高圧放水車）、警察（機動隊高圧放水車）、消防（屈折放水塔車等）、東電（コンクリートポンプ車）等の機器材を動員し懸命な冷却活動を行った。

最後に導入したのは、中国の建設機械メーカー・「三一重工業集団有限公司」が所有するコンクリート用ポンプ車であった。東電に営業に出向いた中国・「三一重工社」の関係者からこの情報を知り得たようだ。

このコンクリート用ポンプ車は、アームが六二メートルの高さからピンポイントでコンクリートを注入できる能力がある。アームの長さが六二メートルあるので、ビルの高さ二〇階に相当する。「三一重工」には、当時、七二メートル級のアームを持つ車両があったが、米国の展示会に出品中で、これを日本へ輸送するには多くの時間を要する。このため在庫の六二メートルを提供してくれたのだそうだ。

ここで私が強く主張したいことは、危機の発生に際し、試行錯誤で多くの時間を浪費することなく迅速に必要な資機材を入手できる情報管理が重要だということである。

災害活動と必要情報

中国ではこの種の機器は、かつてはドイツ製かアメリカ製であった。「三一重工社」は独自の技術開発によって、今では世界最大のメーカーになった。チリーで起こった落盤事故では、この会社のキャタピラクレーンが使われたという。

危機には、災害活動に必要な機器材が、国の内外を問わず、直ちに必要情報を検索し要請できる組織体制が必要だ。災害危機管理でいう「事前対策」である。

原発事故、テロ災害の主務官庁はどこか

原発事故やサリン事件（テロ事件）が起これば、主務官庁、防災機関はどこか、現状では必ずしも主たる窓口が明確ではない。「使えるものは何でも使え」では、初めて災害現場に入る防災機関にとって危険が大きく、手順を追った効率的な災害活動ができない。

原子力災害、サリン事件のような災害でには、高度の専門性、指揮活動、教育訓練、装備、資機材等が必要となるからだ。

「原子力災害対策特別措置法」には「原子力災害対策本部の設置（第一六条①）。原子力災害対策本部長は内閣総理大臣（第一七条）と定めてある。

本部長の権限は、「当該原子力災害対策本部の緊急事態応急対策実施区域における緊急事態応急対策を的確かつ迅速に実施するため自衛隊の支援を求める必要があると認めるときは、防衛大臣に対し自衛隊法第八条に規定する部隊等の派遣を要請することができる。」（第二〇条④）と定めてある。だが、警察、消防には法令上、明確に示していない。原発施設やテロ事件など、緊急事態が起これば、即応できる専門部隊が必要だ。当初の炉心冷却活動を見た海外では「蛙の小便」と嘲笑したそうだ。**主管官庁の明確化、専門部隊の創設、教育訓練、装備の充実等、特に、原子力災害、テロ災害への危機管理が手薄なだけに体制の充実強化**が望まれる。

原発事故だけではない。災害支援の在り方について、迅速に対応できる戦略的な考えが重要だ。東日本大震災は岩手、宮城、福島、茨城、千葉など五〇〇キロにわたる大規模災害であった。複数県にまたがる広域災害のため全国的な規模で災害支援を行なった。

人命の救出、救助、支援に向かう支援部隊に対し、その勇姿に感激するが、被災地で一刻も早い救出を待ちわびる人々のことを思うと、地上を行くよりヘリコプター、航空機、船舶を使い、隊員、資機材、装備、機動力等を使い、一刻も早く被災地に派遣できないものかと思う。自動車で輸送するのでは多くの日数がかかり隊員は、被災地に着くまでに疲労し損害は拡大する。

過去の大災害では、市町村・府県を中心とした危機管理体制が不十分で、迅速な対応に遅れ、後手に回るケースが多かった。阪神淡路大震災では、企業のトップが率先垂範して自前のヘリコプターや船をチャーターして被災地の支援を行い、現場の士気を高めたところがあった、だが、多くの企業は後手に回った。

神戸市は陸続きだが、阪神淡路大震災では、二日を経ても被災者に食料や水が満足に届かない地域があった。事前対策で近隣の空港を救援物資の集積地にして、大型ヘリコプターで水や食料等を航空機とヘリコプターとが連携すれば、効果的な活動ができたのではないかと指摘する有識者もいた。

支援に駆けつけた緊急車両は避難するマイカーに道路を塞がれ、容易に被災地に近寄れず、支援活動に大きな障害となった。避難する車両と緊急車両の道路の使い分けが重要だと思う。

オランダでは、災害救援の権限は、すべて市長が掌握し、災害活動の総括指揮権を持たせているという。中央政府は、資金、資材、技術、訓練等を提供するのが主な任務で、国は、核戦争や原発事故等に関与するのだそうだ。

専門家集団ともいわれるＦＥＭＡは、巨額の予算と権限を持つという。緊急救援チームの活躍が報じられるが、実のところは自治体の支援チームの力に負うところが大きいと言いわれている。

災害活動と事務処理

阪神淡路大震災後、教訓を踏まえて災害対策基本法が改正された。警察官、海上保安官等が一定の条件で市町村長の職権の代理行使をし、警察官が行う通行禁止区域等において、緊急車両の通行の妨害となる車両等の物件に対し、必要な措置をとることの権限（災害対策基本法七六条の三）は、現場に警察官がいなければ、災害派遣を命ぜられた自衛官や消防吏員に職務執行権限を準用すると定めた。

自衛官や消防吏員が、火災の鎮圧や人命救助に向かう途上で、通行障害となる物件を排除し破壊したとき、措置した場所や物件について逐一、記録し、警察署長に通知する手続きは、人命にかかわる一刻一秒を争うなかで事務手続きに時間をかけ過ぎ、緊急事態に即応できない。

「警察官がその場にいない限り……」（同法七六条の三、三項）とあるが、排除すべき物件が多数あって、その場に警官が一人でもいれば、多数の自衛官、消防吏員は権限が行使できないのでは、現実を踏まえた危機管理とはいえない。

「応援要請の手続き」、「措置に伴う所轄警察署長への通知」、「警察官がその場にいない場合」といった条件設定は、平常時であれば分かるが、緊急事態にこのような事務手続きは、更に簡略化する必要がある。緊急事態の発生は、活動目的（人命の救出、消火活動等の損害の軽減等）を最優先に考えなければならない。

災害支援の受入れ体制

相模原市在住（熊本県益城町出身）のクリニック事務長・松村芳陽さんは、東日本大震災後、ボランティア活動をされ、熊本地震では東京新聞に「災害初動対策チームの設置を」と題して次のような投稿をされている。

「県庁には支援物資が山と積まれていた。どこに何をどれだけ届ければよいか。情報を収集する人、仕分けする人、届ける人が足りない。地元の人に初動は無理である。被災者であり、周囲のことで精いっぱいだ。各自治体で災害対策実働チームを持つべきだと強く思った。被災地にもっとも近いチームが発生直後に現地入りし情報収集と発信、仕分けと発送を地元の人に代わって行う。初動活動任務は一週間。その後は地元、国が動き出す」。

大災害が起こるたびに支援物資の遅延が起こるだけに、貴重なご提言である。新潟県中越地震では、支援物資を積んだ輸送車が市内の中央にある市役所に向かったが、交通渋滞で多くの時間を要したという。支援物資等は、市内の中心に運ぶことで、市の中心部にある避難所への物資の配布は遅れ、外周地域の避難所への物資等の配布が速かったといわれている。支援物資等の受入れ態勢について、迅速にして効率的な方法を考えておく。支援部隊の集結場所はマクロにみて分散配置が行えるように計画化する。

○阪神淡路大震災では、重症患者を近隣府県の病院に搬送するための後方支援体制が不備であった。このため、重症患者を搬送するヘリコプターの運用に混乱が生じた。また自治体相互や病院・地元医師会等との相互協定がなかったこと、衛星通信システムが大地震による被害を受けたため、県救急医療情報センターとの連絡等に混乱が生じた。

○茨城県東海村の臨界事故では、被曝した患者を医療機関に搬送しようとしたが、事前に計画化されていなかったために多くの時間を浪費した。

○米国で起こった9・11同時多発テロでは、ニューヨーク市消防局が応援出動を命じたが、指定された集結場所に集結せず、一気に災害現場に集結し、当番職員、非番の職員の識別、応援で駆けつけた部隊が確認できず、大混乱になったという。(マッキンゼー報告)。

災害支援や応急対策は事前計画の有無で結果は大きく異なる。応急対策は、渦中対策(災害の発生から災害の拡大、災害の終息に至る一連のプロセスをいう)と、ほぼ並行して行われる。消火・救助・救護・避難誘導等。災害支援の要請、受入れ、怪我人の医療措置、家を失った人々の避難場所、ライフラインの確保等が、同時に必要となる。非常事態になれば、混乱するのは必至だ。混乱を少しでも避けるには、事前対策が必要だ。支援部隊の待機場所、担当者を決めて調整機能や指示が行える体制が必要である。
○人命救助や消火活動等を行う支援部隊は、どのルート（道路等）を選定するのか。
○ライフラインの確保等、応急対策を行う部隊の活動基準を設けてあるか。
○ボランティア等の支援隊を、どのような手順で受入れ、支援活動に従事してもらうか、目的に応じた機能分散の配置計画が必要だ。

4　国はどこまで国民の安全が守れるのか

民力なしで国民の安全は守れない

国は「国民の生命・財産を守る」というが、民力抜きで国と地方自治体が中心となって、国民の生命・財産を守ることは難しい。かって政府は民間防衛（防災）組織に関心を示したことがあった。だが、多くの反発があり現在においても、民間防衛（防災）組織の問題について触れようとはしない。

平成二七年九月一九日、「平和安全法制整備法」（平成二七年九月改正）が一括審議され成立した。審議の過程や法案の是非については広く報道されているので、ここでは「国は国民の安全を守ることができるのか」を中心に論じたい。

「武力攻撃事態法」二条に、「存立危機事態」を新たに設けた。

「存立危機事態」とは、「我が国と密接な関係にある他国に対する武力攻撃が発生し、これにより我が国の存立が脅かされ、国民の生命、自由及び幸福追求の権利が根底から覆される明白な危険がある事態をいう」（第二条四項、定義）と定めてある。国民の生命が根底から覆されるというのであるから、まさに生死にかかわる異常事態である。

このような緊急事態の発生に対し、

○国はどのようにして国民の安全を守るのであろうか。

○国民は非常事態の発生に際し、どう行動すればよいのであろうか。

武力攻撃事態法には、国や国民の責務について次のように定めている。

（国の責務）

○国及び国民の安全を保つため、武力攻撃事態等及び存立危機事態において、わが国を防衛し、国土並びに国民の生命、身体及び財産を保護する固有の使命を有することから、前条の基本理念にのっとり組織及び機能の全てを挙げて、武力攻撃事態等及び存立危機事態に対処するとともに、国全体として万全の措置が講じられるようにする責務を有する。（第四条）

○国、地方公共団体及び指定公共機関が、国民の協力を得つつ、相互に連携協力し、万全の措置を講じられなければならない。（第三条）

（国民の責務）

○国民は、国及び国民の安全を確保することの重要性に鑑み、指定行政機関、地方公共団体又は指定公共機関が武力攻撃事態等において対処措置を実施する際は必要な協力をするよう努めるものとする。

国民の生命を左右する国家緊急事態に際し、「国の責務」、「国民の責務」の条文は、抽象的な用語の羅列で具体性や説得力に欠ける。「国民保護法」と「武力攻撃事態法」はお互いに密接な関係があるにも関わらず、関連付けた審議が行われなかった。果たしてこれで国民の生命の安全が守ることができるのか疑問に思う。

国は、「武力攻撃事態等における国民保護のための措置に関する法律」(平成一六年六月一八日)を制定した。ずいぶん長い法律の名称なので、略して、「国民保護法」と、呼称している。この法律は、大規模なテロ、外国からの武力攻撃に備え、国や地方自治体、指定公共機関の責務を示している。だが国民は、「有事の備え」、「有事に何をなすべきか」等については定めていない。国民には、公的機関の避難の指示に従い、避難することしか定めていないのだ。

どこが安全な避難場所か、命の安全に関わる大事なところは、すべて市町村長に委ねている。「国民保護法」は「法定受託事務」である。「国政選挙」、「外国人登録」、「旅券の発行」などと同様に、本来、国政事務であるが自治体で行った方が便利で、能率的との理由で自治体が処理している。国は法律にもとづいて助言・勧告・指示が行える。また必要に応じて代執行が行える。国民保護法が成立した翌年(平成一七年)国民保護基本指針を示し、都道府県(平成一七年)、市町村(平成一八年)に「国民保護計画」の策定を命じた。

この法律には、国民一人ひとりが災害に立ち向かう民間防衛・防災組織の考えはない。国・市町村の指示に従い避難するだけである。これで国民の安全が守れるとは思えない。

国民保護法の制定と沿革

ここで、国民保護法の成立過程について概要を述べておきたい。
一九六三年六月、防衛庁統合幕僚会議事務局は、朝鮮半島の有事を想定し、極秘で行われた図上演習、「三矢研究」に遡る。一九七七年八月、立法化しないことを前提に有事法制の研究を開始した。

一九九一年　一月　湾岸戦争勃発、同年一二月、ソ連崩壊。「国連平和維持活動（ＰＫＯ）協力法」が成立。
一九九六年　四月　日米安保共同宣言を締結。翌年、日米新ガイドラインが決定。この頃北朝鮮の動向に警戒すべき事態が起こるようになった。
一九九九年　三月　能登半島沖の北朝鮮工作船事件で自衛隊は初めて海上警備行動を開始するようになった。
　　　　　　五月　「周辺事態法」が成立。
二〇〇一年　九月　米国で同時多発テロが起こる。
　　　　　　一一月　「テロ対策特別措置法」が成立。
　　　　　　一二月　九州南西海域で北朝鮮工作船と海上保安庁の巡視船が銃撃戦。

二〇〇三年　一月　イラク戦争（湾岸戦争）が勃発。
六月　「武力攻撃事態対処法」が成立。
八月　「イラク人道復興支援活動特別措置法」が成立。
一二月　「船舶検査法」が成立。
二〇〇四年　六月　「武力攻撃事態等における国民保護のための措置に関する法律」が成立。
二〇〇五年　国民保護基本指針が示された。都道府県を中心に「国民保護計画」の策定を指示。
二〇〇六年　市町村に「国民保護計画」の策定を指示。
二〇一五年　九月　平和安全法制整備法の改正に伴い、国民保護法の一部改正。

ジュネーブ条約と国民保護

「ジュネーブ条約追加第一議定書」・無防備地域の設定する追加議定書について知る人は意外に少ない。一九七七年に定めた当時、多くの国々が加入したが、わが国は加入しなかった。二〇〇四年、日本政府は国会の承認を得てようやく加入した。

なぜ、国民の安全に関わる重要な条約が二七年間も放置されてきたのか、その経緯については分からない。歴代内閣は「国民の安全」に熱意と関心がなかったからだと思う。

小泉内閣の当時、「有事法制の立法化」に伴い、学者、有識者等からジュネーブ条約に加入せよとの強い批判を受けて、政府はようやく重い腰を上げ「ジュネーブ条約」に加入したのである。

私がこのことを知ったのは、政治学者・松下圭一（故人）の著書、「転型期日本の政治と文化」（岩波書店）、「都市型社会と防衛論争」（公人の友社）であった。重要なことなので一部、引用させていただく。

「一九七七年の『ジュネーブ条約追加第一議定書』にもある『無防備地域の設定』をふくむ『市民保護』などは、私たち市民からの批判がでるまで無視し、ようやく二〇〇四年にこの議定書の国会承認が日程にのぼり、可決するという始末である。日本の政治家ないし法曹、官僚あるいはジャーナリスト、理論家にみる、世界政策基準からのズレは著しい。」

（松下圭一「都市型社会と防衛論争」公人の友社）。

「市民、自治体、国、政治家、官僚をふくむ行政機構、とくに消防、警察、自衛隊など、保健所、病院、水・エネルギー装置、交通機関、マスコミまでをふくめて緊急事態に不可欠なのは、国家緊急権といった神秘観念ではなく、日常の危機管理の熟度、さらには、情報の整理・公開のスピード、ついで、先見性をもつ法制・技術・組織の整備である。

だが、そこでは日本の政治家、官僚・職員における問題先送りの習性、さらに戦前からの省庁間での「分担管理方式」による「省庁あって市民なし」のシクミによって、たえず法制・技術・組織の整備に立ち遅れる。とくに、危機をめぐる情報集約にいたっては阪神淡路大震災その他についての政府対応からひろく知れわたったように、省庁のセクショナリズムとその技術水準の低さとあいまって無能というべき実情にある。そこでは、たえず「予想をこえていた」という弁明がなされ緊急事態への構想力が欠けているというかたちで危機管理の未熟さを露呈するのである。

（松下圭一著「転型期日本の政治と文化」七〇〜七一頁、岩波書店）

パリー協定の批准と対応の遅れ

温室効果ガスの削減は、対応が遅れれば人類の存亡に係る重大な問題だけに、災害危機管理の一つとして迅速に対応する必要がある。だが、パリー協定（二〇一六年一一月四日）は発効したが、日本は批准に遅れ、第一回締約会議（CMIO）には、議決権のないオブザーバーとしての参加であった。

すでに述べたことだが、「ジュネーブ条約追加第一議定書」では、二七年も遅れて、ようやく批准した。パリー協定は、日本は京都会議に引き続きイニシャチブをとるものと思っていただけに残念に思う。日本は先進国として危機や安全についても国際社会との関係において批准に遅れることなくポジティブに対応してほしい。

国際条約と攻撃禁止マーク

「国際的武力紛争の犠牲者の保護に関する追加議定書」には、無防備地区、非武装地帯、文民保護などについて次のように定めている。

無防備地区、非武装地帯には次のマークを表示し、市民の安全を守ると定めている。

①**「無防備地域のマーク」を攻撃することは戦争犯罪。**

無防備地区は……。

○戦闘員、移動兵器、移動軍用器材の撤去。

○固定の軍事施設・営造物を敵対的に使用しない。

○官憲・住民による敵対行為をしない。

○軍事行動・支援活動をしない。

②**「市民保護マーク」を付けた施設・要員には攻撃を禁じる。**

③「原発などを明示するマーク」原子力発電所・堤防などは攻撃しない。

④「文化財保護マーク」は攻撃しない。

国際条約では攻撃禁止のマークとして「無防備地域」、「原発施設」、「市民保護」、「文化財保護」のマークを定め、傷病者、捕虜の保護、文化財の保護、ダム、原子力発電所の保全、人口過密地域での軍事施設の設置の防止などを明示し、市民の安全を図ることを目的としている。

「国民保護法」が真に国民の安全を守るのであれば、なぜ議定書に定める内容を「国民保護法」に織り込まないのか、現状では、平和安全法が整備され自衛隊が海外に派遣されることになった。過激派組織「イスラム国＝ＩＳ」は、日本も標的としている。国際的なテロ組織による活動、国内で起こったサリン事件等、日本社会は内外ともにリスクが増大し安全社会とは言えなくなった。国民を含めた民間防衛・防災組織を真剣に検討し危機管理の充実強化に努める必要がある。

5　国民保護法をめぐる諸問題

国民保護法と国民の危機意識

消防学校の幹部研修で危機管理についてアンケート調査を実施した……。

○管理者の危機意識が低い。
○目先の災害に対処する習慣が組織内に定着し、危機管理体制ができていない。
○非常事態が起これば、誰が指揮を執るのか明確でない。
○危機が起これば、被災した職員でも、不眠不休で日夜、災害活動に従事することになるが、小規模な消防本部では職員数が少ないので、要員の交代が容易ではない。
○一旦、出動すれば簡単に帰宅できない。食事、休憩、家族の安否確認が取れない状態では、効果的な災害活動は難しい。

「管理者の危機意識が低い」とあるが、意識が低いというよりは、現在の国民保護法には、国・都道府県・市町村が具体的にどのような機能分担のもとに、危機に備えるかが明確に示されていない。組織体制・指導体制等、法令の未整備に大きな問題がある。

実践に役立つ国民保護計画とは

国民保護計画は実践に役立つ計画でなければならない。福島第一原発事故が仮にテロ災害であれば、国、地方公共団体はどう行動したのであろうか、又国民の安全を守るには、国民保護計画に基づいて、どう対応するのか、知りたいところである。

あなたが住む都市で武力攻撃やN・B・C（核・生物・化学兵器）によるテロ攻撃を受けたならどう行動するのか、判断や行動の手順について考えてみたことがあるだろうか。

弾道ミサイル攻撃、航空機による攻撃、船舶による上陸・侵攻があれば、国の省庁は直ちに対応できる体制ができているにしても都道府県・市町村等の機関は市民の安全を護るために、事前対策（計画・行動基準・安全施設の確保対策等）ができているのであろうか。

N・B・C（核・生物・化学兵器）が使われた際の被害想定、対策本部の在り方、情報の伝達、災害医療チーム、防災関係機関との連携、市民への情報伝達、避難、救護、給食、安全施設の確保等、テロ攻撃に関する情報は、国から段階的に都道府県・市町村に情報が伝達されるとは限らない。松本サリン事件や東京地下鉄のサリン事件にように、突然、人がばたばたと倒れ、もがき苦しむ事態が起れば、即座に対応しなければならない。上意下達や会議、手続きに捉われない即応体制が求められる。

緊急事態の発生と行動計画

「国民保護法」には「市町村長は、当該市町村の住民に対し避難の指示があったときは、『国民の保護に関する計画』で定めるところにより、関係機関の意見を聴いて、直ちに、避難実施要領を定めなければならない」（六一条）と定めてある。

緊急事態が発生してから関係機関の意見を聞き避難するのではあまりにも遅過ぎる。危機への対応は即応体制でなければ意味がない。危機が起これば、直ちに事前対策に基づき行動を開始し、行動を開始しながら新たな情報、状況の変化に応じた行動が求められる。

「市町村長は避難の指示があったときは……」とあるが、指示がなくても目前急迫の事態が起これば、臨機応変に必要な指示・命令を行い、事後報告で済ませるくらいの柔軟性のある法令でなければ意味がない。余りにも多くの手順を踏んだ手続きに重点が置かれすぎている。即、行動に移さなければ損害が大きくなるのは必然である。有事に際し、住民を避難させるには、避難所の安全基準が必要だ。

スイス民間防衛組織では、避難所の在り方について、次の五つを条件にしている。

① 完全隔離（細菌・化学兵器および放射性の灰から隔離されていること）。

② 完全遮蔽《しゃへい》（熱および放射能から防護されていること）。

③ 頑丈であること（建物の破壊、倒壊、原子爆弾による風圧および震動に耐え得ること）。

④ 脱出口があること（完全な通路、非常梯子、非常脱出口が整備されていること）。

⑤ 生活が可能であること（換気装置、十分な食料と水の備蓄等）。

避難施設（シェルター）の安全は人命の安全を守るうえで極めて重要だ。

戦後、「アメリカ戦略爆撃調査団がまとめた報告書」によれば、被災者の八一％、被災しなかった者の七四％の人々は、日本政府の防空施策は、不十分であったと不満を述べたという。

防空壕が全国で作られるようになったのは昭和一九年に入ってからで、この頃、米軍による各都市への空爆が激化していった。私も小学生の頃、東京大空襲で粗悪な防空壕で辛うじて命拾いをしたことを今でも鮮明に覚えている。

6　武力攻撃・テロへの備え

テロはどのような兵器を使用するのか

テロが使用する武器は、N（核兵器）、B（生物兵器）、C（化学兵器）を総称してN、B、Cに分類している。ところが最近は、放射能（R）や爆発物（E）を含めたN・B・C・R・Eに分類している。

N＝Nuclear（核兵器テロ）
B＝Biological（生物テロ）
C＝Chemical（化学テロ）

R＝Radiological（放射能テロ）
E＝Explosive（爆発物テロ）

だが、N・B・C・R・Eの分類法は、社会全体で統一的に使用されているわけではない。

私はテロ災害についての専門家ではないので多くを語る資格はないが、ここで述べておきたいのは、国内で起こった地下鉄サリン事件など、テロ災害に関する対策や資料が、ほとんど公表されていない。原発事故も同様に、マル秘扱いが少なくない。この点、諸外国では多くのテロ災害を経験しているので参考になる図書や文献が多いので参考にしている。

N（核兵器）・B（生物兵器）・C（化学兵器）対策

生物兵器は、化学兵器のような異常現象は起こらないといわれている。炭疽菌を兵器に使用すれば、感染後、三日ないし七日で発症し、その後、二日から五日で死亡する。初期の症状は、風邪またはインフルエンザに似た症状だという。

生物兵器は、最初は気がつかない場合が多いという。異常を感じたならば、いち早く疫病対策センターと連絡をとり原因の究明にあたる必要がある。N（核兵器）、B（生物兵器）、C（化学兵器）には、それぞれ特質があるので使用する兵器の種別に応じた対策が必要だ。

例えば、医学博士・ニューヨーク市・危機管理局・医療デレクター・アンジェロ・アクイスターの著書「生物・化学・核テロから身を守る方法」（草思社）。米国テンペスト社による警察・消防・軍隊・自治体・企業等向けに書かれた「初動要員のための生物化学兵器ハンドブック」「実践マニュアル」（啓正社）。「民間防衛組織」（スイス政府編　原書房）等は、いずれも実践に役立つマニュアルである。

ニューヨーク市消防局（以下、NY消防局）は、9・11同時多発テロで、多くの幹部・隊員が犠牲になった。このためNY消防局は、マッキンゼー社の協力を得て、レポートをまとめた。このレポートには、最悪事態が起これば、情報通信、指揮活動、部隊運用等にどうような混乱が生じるか、示唆に富む多くの提言がなされている。

武力攻撃と装備の安全

災害活動を行う消防職員等の安全を確保するには、誰がどのような役割と責任を担っているのであろうか。

「消防庁長官及び都道府県知事は、前三条（武力攻撃が発生した場合等の都道府県知事の指示、武力攻撃を防御するための消防に関する消防庁長官の指示、消防の応援等に関する消防庁長官等の指示）の規定による指示をするときは、これらの規定に規定する措置を講ずるため出動する職員の安全の確保に関し十分に配慮し、危険が及ばないよう必要な措置を講じなければならない」。（国民保護法一二〇条）と定めている。

消防庁長官、都道府県知事は、具体的にどのような安全の確保に努めているのか、専門的な知識・技術を持った専門スタッフを置き、必要に応じて指示や指導のできる常時の体制ができているのか疑問に思う。

ここで米国の例を紹介したい。

平成一七年初頭、米国・国土安全保障省は、緊急出場隊員の個人装備について、ＮＦＰＡ（米国防火協会）基準で次の五つを認めている。
① 予備役軍用防護服
② 消防・緊急機関用空気呼吸器
③ 劇毒物ベーパー用防護服
④ 化学・生物テロ災害用防護服
⑤ 緊急医療活動用防護服
この他、国土安全保障省は、国立労働安全衛生研究所が認めた基準（核・生物・化学兵器に対する防護・呼吸器具）を採用している。これらの基準は、製造業者に対し、「設計」、「性能」、「試

験」、「認定」について定めている。ＮＦＰＡ（米国防火協会）は、すべての安全規格について米国規格協会（ＡＮＳＩ）の認定を受けて作られている。

ＮＦＰＡ（米国防火協会）は、州ごとに消防機関が生物・化学兵器を使用したテロ攻撃に対し、どの程度の準備や対策ができているかについて調査報告書を出している。（平成一六年七月、ＮＦＰＡ機関誌による）。この分析結果によると「化学・生物兵器による災害が起こり、一〇人程度の負傷者が出れば、当該消防機関の職員で劇毒物や救命行為を行うことが可能なのは、一三％、当該消防機関の持てる資機材で対応できるのは一一％に過ぎない」と対策の遅れを指摘している。

武力攻撃と国民の安全

「武力攻撃災害とは、武力攻撃により直接又は間接に生ずる人の死亡又は負傷、火事、爆発、放射性物質の放出その他の人的又は物的損害をいう」（二条四項）。

このような武力攻撃に対し「国及び地方公共団体は、自主防災組織（災害対策基本法五条二項の自主防災組織）及びボランティアにより行われる国民保護のための措置に資するための自発的な活動に対し、必要な支援を行うように努めなければならない」（四条三項）と定めている。だが必要な支援を行うだけの体制ができているのか疑問に思う。

武力攻撃を受ければ国、地方自治体の力だけで抑止できないことは「国民保護法」が制定された二〇〇七年当時から国は理解していたようである。

二〇〇四年九月一九日付、日経によれば……。

政府は有事の際、地域住民が自主的に避難の誘導、救護などにあたる『民間防衛組織』づくりに向けたガイドラインをまとめる方針を固めた。年内に民間防衛組織の先進国であるスイスなどに調査団を派遣する。大規模テロや外国による武力攻撃に備え、国や地方自治体の役割を示した国民保護法を十七日に施行することを踏まえ、住民の協力に関する新たな枠組みが不可欠と判断した。

政府が想定する民間防衛組織は、住民が連携し地域生活を守る目的で設置。単なる防災活動にとどまらず、周辺への警報の発令、消火、けが人の救護などを行う。避難・誘導に関連して将来、地域に設置する「退避シェルター」を民間防衛組織を通じて有効に活用する方法なども検討する。

政府が調査団を派遣するのは、民間防衛を重視しているスイスのほかドイツ、特にスイスは永世中立国という事情から、住民に……。

①個人が新築する自宅にはシェルターを設置する
②公共用シェルターは必要な場合、軍の宿舎として提供する
③有事の際には近隣住民へ警報を発令する

……などを義務付けている。政府は今後、各国の事例を参考に民間防衛組織づくりに関するガイドラインを作成。これを受けて国民保護法に基づく政令の追加や法整備を検討する。その際、日本の地域の実情を重視し、国による「押し付け」の印象をできるだけ薄めたい考えだ。

国民保護法には、国や自治体が一般の災害に備えた既存の「自主防災組織」に必要な支援をする、と定めているが、住民自らが有事の際、地域活動を担う民間防衛組織に関する法令がない。野党ばかりではなく与党や政府内からも「第二次世界大戦時の『隣組』の役割を連想させる」「戦争を前提とした制度には賛成できない」といった反発があり見送った経緯がある。これに関連し、政府は二〇〇五年中に有事に備えた初めての住民訓練を実施する方針。内閣官房は、すでに来年度予算の概算要求に訓練に伴う予算経費を計上している。今回の訓練は一部の自治体にとどまるものの、生活関連施設が武力攻撃を受けた事態も想定。住民の避難や救護を巡って、関係機関の連携を試す。国民保護法は、有事を念頭に置いた訓練について、国民の自発的意思で参加するとしている。こうした場を通じて住民の理解が進むかどうかが、民間防衛組織の設置論議に影響しそうだ」。

（日経）

このような過去の経過があるが、現状は当時と比べ大きく変化した。民間防衛（防災）組織の在り方について審議することが重要だと思う。

7　テロ災害と危機管理

テロ災害と国民の安全

ここでは「テロ災害と国民の安全」を中心に論じたい。

日本で起こったテロ事件といえば、オウム真理教によるサリン事件（一九九五年三月二〇日）がある。この事件は世界に大きな衝撃を与えた。最近はイスラム国（過激派組織）は、日本も標的にしている。安全保障関連法が成立したが、審議過程では、集団的自衛権に関する審議が中心で、「国民保護法」と密接な関係があるにも拘わらず、「国民の命の安全」の問題は「蚊帳の外」に置かれ法律が成立した。（二〇一五年九月一八日）

国民保護法第三条は、「国は、武力攻撃事態等に備えて、あらかじめ国民保護のための措置に関する基本的な方針を定めるとともに、地方公共団体および指定公共機関が実施する国民保護のための措置を的確かつ迅速に実施する」と定めた。都道府県・市町村は、この法律に基づいて「保護計画」を策定したが、この程度の「保護計画」では、国民の生命の安全を守ることは難しい。

「国民保護法の制定の際、自治体や関係機関などから指摘された問題は、有事の際の国民避難計画は、計画通りに実施できるのかといった疑問がある。交戦相手からの武力行使がなされている最中に自衛隊に避難住民の誘導を要請するのは現実的か、武力攻撃が行われれば自治体が管轄する港湾施設、病院、その他の施設は、米軍や自衛隊に優先的に使用され、国民保護は後回しとなるのではないか」。（月刊誌「世界」二〇一五年六月号）

政府が進める安保関連法の整備に対し自治体は批判的である。この背景にあるのは、人口密集地域、原発施設、米軍・自衛隊基地、港湾、コンビナート施設等が、テロや交戦相手国の標的にされやすいからである。

安保関連法案の審議過程で、国民保護法との関連を避けたのは、国民に多くの不安を与え、法案の成立に反対されるのを恐れたからだと思う。集団的自衛権等が認められることによって、軍事やテロのリスクが大きくなれば、国民の安全をどう確保するのか、避けて通れない課題であるからだ。

政府が想定しているのは、①国際法上の無害通航に該当しない航行を行う外国軍艦への対処、②武装集団による不法上陸への対処、③公海での民間船舶への侵害行為への対処を主眼においている。だがサリン事件や原発施設が攻撃されればどう対処すべきか、この問題について検討されていない。マスメディアは、集団的自衛権の問題に目を向けるが、これでいいのか疑問に思う。

(1) テロ災害と国民の危機意識

政府は国民に対し、テロ災害等、有事の係る法律の趣旨や危機管理対策について、積極的に知らしめようとはしない。危機の発生に対し、国・自治体・国民はそれぞれの立場で、どう行動すればよいのか、安全をどう確保するのか、消火、救助、救護等の教育訓練が重要だ。

今や、空から落ちてくるのは、戦時中の爆弾、焼夷弾ではない。殺傷力の高い核・生物・化学兵器の使用、着陸・上陸侵攻、航空攻撃、ゲリラや特殊部隊による攻撃等、あらゆる場合を想定すれば、国民に一定の「義務」を課すことは、安全を確保するうえで重要なことである。

国民の理解を得るには短兵急にはいかない。反対も多いので時間をかけて啓発する必要がある。国内で起こった東京・地下鉄サリン事件（一九九五年三月二〇日）では、死者一二人、負傷者五、五〇〇〇人超を出した。何が原因で起こったのか、正確な情報が掴めないままに救急搬送を行い、受け入れた医療機関は、被災者にどのような医療を施せばよいか分からぬままに大混乱が生じた。この種のテロ対策は、当時からみれば、関係機関の努力によってかなり改善されたと思うが、テロに関する情報・対策は、機密保護としているのか、資料、情報はほとんど目にすることがない。

⑵　テロ災害と日本の現状

元陸上自衛隊・井上忠雄化学学校長は、自著で次のように述べている。少々、長くなるが、重要なことなので引用させていただく。

「ある会議の席上で、フランスのテロ対策の専門家が、開口一番、『あなたたちは地下鉄サリン事件を経験した。非常に不幸なことだったと思う。だが、そこからいろいろ学んだことがあったでしょう。その教訓を教えていただきたい』。教訓を、と聞かれて、私は答えに詰まってしまった。私たち日本人は、いったいあの事件から何を学んだのであろうか……」

東京・地下鉄サリン事件後、直ちにこれに対応したのは欧米の政府であった。テロ事件に関するデータを解析し、どう防いだらよいか、被害を最小限にとどめるための手法、予算、組織の在り方について迅速に検討したという。これに対し日本政府の対応は鈍かったといわれている。

N・B・C・R兵器に対し①予知　②検知・警報　③防護　④除染　⑤医学的措置は重要だが、N・B・C・R兵器に対し、すべてに対処できないのが現状だと思う。すべてに対処できないことを知ることは、災害活動を行う隊員にとって極めて重要である。

「特に除染とはN・B・C・R兵器をそれぞれ無害化する作業をいうが、有効なのはC＝化学兵器のみで、あとの『N・B・R』すなわち、核と生物兵器、放射能についてはかなり困難な作業が伴う。できない、といってしまったほうがいいのかもしれない」(同書三〜四頁)。さらに、「今の日本では、自衛隊の装備と人員ではバイオテロには対処できない。先進諸国の軍隊と比べて、日本のN・B・C・R防護システムは極めて低いレベルにあるといわれているだけに、大規模な事故、テロ災害が起きれば自衛隊に依存しなければならない現状にある。しかし自衛隊の防護装備は部隊の防護のために使用されているのであって住民を救出するためのものではない。いまの自衛隊の力をもってしても化学テロに全面的に対処できるかどうか分からない。むしろ、困難だといわざるを得ない」。

(井上忠雄「テロは日本でも確実に起こる…核・生物・化学兵器」講談社+α新書)

井上忠雄化学学校長の著書には、頼りになる自衛隊といえども先進諸国の軍隊と比べて「日本のN・B・C・R防護システムは極めて低いレベルにある」。「自衛隊の防護装備は部隊防護のために使用するもので、住民を救出するためのものではない」と明確に述べている。テロ災害から国民の身の安全を守る危機管理体制ができているとは思えない。

(3) サリン事件と危機管理

「突入！　」消防隊員がバタバタと倒れた。

火も、煙も、臭いも、音もない、全て「無の世界」で名も無き消防戦士達は死力を尽くした。謎の正体が「サリン」だと知ったのは戦いが終わった後だった。「俺達消防士を、誰が助けてくれるのか隊員の血を吐く声が聞こえてきた」。

この記事は、「暗くなった朝　3・20地下鉄サリン事件」（中澤　昭著・近代消防社）の著書、ドキュメンタリーとしての記録である。

サリン事件は公的な記録や資料がない。このため中澤　昭さんは、自ら当時の消防隊員たちや指揮官を尋ね歩き、汗を流して集めた情報だけに、読む人の心を打つ。消防署長を歴任し、広報課では長年、マスメディアを相手に仕事をしてきただけに鋭い着眼点と洞察力をお持ちである。

私は「暗くなった朝　3・20地下鉄サリン事件」を読み、大きなショックを受けた。消防に三十年勤務したが、消防の如何なる災害活動においても、このような災害を経験した人は数少ない。

思い出したくない過去に起こった地獄のような情景を、血を吐く思いで真実を語ってくれた当時の指揮官・隊員の方々を尋ね、大変な苦労を重ねて、取材をされたことに敬意を表したい。公的記録に代わる貴重な文献で「サリン事件は終わっていない」というこの著書は、これからの日本の危機管理を考えるうえで貴重な情報である。

現職にある消防幹部、防災関係者の皆さん、この著書を参考に、今後のテロ災害に対し、何をなすべきかを真剣に考え、対策を講じてほしい。

この本を読みながら、仮に、「自分がサリン事件に遭遇し、指揮官であったなら、どのような指揮、行動をとるか」を考えるとき、身が凍える思いがする。「火も、煙も、臭いも、音もない、全て「無の世界」と書かれた帯を見ながら私は戦慄を覚えた。

更に次のことが述べてある。

「本来、消防が扱ってきたものは、人為的なミスによる火災や事故、それに地震や台風等の災害だった。そこには、消防を敵視するものは存在せず、理性の上にたった人道上の正義のみが存在していた。その理念にそって、罪なき人々を無差別に殺傷するテロや戦争は、本来の消防の役目ではないと、長い間、消防界では論議もされず、意識的に避けられてきた。だが、地下鉄サリン事件では、テロや戦争という有事の際には、消防機関は否応なしに最前線に立たされる事を認識させられた。

テロや戦争という災禍を消防は避けることができない、当たり前の事に、初めて気づいたといっても過言ではなかった。「松本サリン事件の教訓は、活かせたのか?」、「テロや戦争というものに、消防は余りにも無知だった」、「消防の果たすべき業務の限界は?」、参画した消防職員達は、テロや戦争といった現実の問題から避けて通れない二一世紀の消防像を模索し、地下鉄サリン事件を検証した。」（三三一〜三三三頁）

この事件について災害危機管理の観点からみれば、次の点が皆無に等しかった。

①　公的記録、資料がないサリン事件
②　事前対策に欠けていたサリン事件
③　サリン事件と守秘義務
④　猛毒サリンを知らない関係者
⑤　安全管理の欠如
⑥　サリン汚染の除去と責任の主体性
⑦　専門家や装備の欠如
⑧　遅れた危機情報……早期警戒情報体制の欠如
⑨　テロ災害は我慢や忍耐だけでは対応できない
⑩　テロ災害は消防の業務か

ここでは、消防を中心に述べてきたが、消防だけの問題ではない。災害活動に従事する防災機関、公共機関で働く人々、医療関係者、市民に対して、テロ災害の恐ろしさを知らせ、対策を考えなければならない大きな問題である。

公的記録や資料を封印し守秘義務を強調すれば、危機管理で重要な「事前対策」ができなくなる。猛毒なサリンについての知識がないと、災害活動や救急、医療にも大きな影響を及ぼす。専門的知識に欠け装備の安全が確保できなければ、隊員の安全管理は確保できない。日本の社会は危機的災害に対し、常に対症療法的・一過性で処理し、教訓が生かされてこなかったように思う。

松本サリン事件は教訓として生かされたのか？　松本サリン事件を十分に検証し警戒心をもって、再発防止のための事前対策や早期警戒体制をとることがなぜ、できなかったのか検討すべき課題は多い。日本は危機管理に決して強い国ではないのだ。

第五章　自主防災と地域社会の安全

1　自らの安全は自ら守る

他力本願では、命の安全は守れない

東日本大震災以降、「自らの安全は自ら守る」という言葉の持つ意味が、一層、重みを増してきたように思う。

「馬には乗ってみよ、人には添うて見よ」というが、生死を境にするなかで命を救われ、命を救い、救護、支援、ライフラインの確保等、大災害を通じて人と人との絆がいかに重要かを学んだのではなかろうか。

「自らの安全は自ら守る」の意味は、「自らの安全が得られればそれでよしとせず、持てる余力を進んで他のために最善を尽くす」といった意味が含まれているのではないかと私は思う。

大災害が起これば寸時にして公的支援（公助）を受けることは難しい。このため身近にいる人々との互助（避難、救出・救助・救護等）が何よりも重要だ。このことは東日本大震災、阪神淡路大震災等の災害事例からみても明らかである。

安全か危険かの判断や、とるべき行動は、他の人の判断に委ねるのではなく、「自ら危険の有無を察知し行動する」ことが重要である。行政の情報提供、避難指示の遅れを理由に、その責任を追及してみても、失われた命は戻ってこない。

行政はすべてについて完璧ではない。安全であるはずの避難場所に大津波が押し寄せ、多くの人々が津波に呑まれた例や適法に許可された住宅が土砂災害で家屋が崩壊し、命を失った事例は数多い。幼児、子供、身障者、高齢者等を除けば、自らの命は自ら守るしか方法はない。

健常者は、次の五項目が重要となる。

① 他力本願の考えを捨てること。

② 市民一人ひとりが災害リスク感性を高めること。

③ 災害リスクを把握しリスク回避に努めること。

④ 危機管理でいう事前対策を講じること。

⑤ 危機に備え、行動基準を明確にしておくこと。

2　事例が語る自主防災

少子高齢化社会が進み、人口が年々減少していくなかで、地域社会を守る消防団員の数はここ数十年の間に大幅に減少した。災害が起こるたびに、避難施設や仮設住宅等の整備に多くの時間と経費を必要とする。入居しても安心して住める住環境は期待できない。

市民は有事に際し、どう対応すればよいのか、将来、危機が起これば役所に頼るだけでは問題は解決しない。自らの安全を確保するには、できる限り自らの力で安全な場所を確保する必要がある。近隣・遠方を問わず、避難できる知人宅を設けておくことも重要なことだと思う。

岩手県一関市にお住まいの伊東昭志さんは、元一関市消防本部の幹部として勤務され、自主防災に造詣が深い。自前の避難施設を設けているので見せていただいたことがある。

横穴式シェルター（避難施設）を設けたとの情報を耳にしたマスコミや防災関係者等、大勢の人々が訪れている。私は伊東さんに、「わが家の自主防災・地域社会の安全」について寄稿をお願いした。

事例1　わが家の自主防災・地域社会の安全……伊東昭志

「安全は自分で選ぶもの、安心は自分で創るもの」と真剣に考えるようになったのは、自助・共助・公助が重視された阪神淡路大震災以降のことである。その教訓を実践し後世に引き継ぐことが重要と思ったからである。

岩手県内陸部・北上川沿いの山間部に住居を構えるわが家と、その周辺には耐震耐火の堅牢《けんろう》な建物はない。このため家族、来訪者、通行人の命を守る一時避難場所としての施設が必要と思い防災活動拠点と生活活動拠点の一体化を決意し、住宅敷地内に横穴シェルター（床面積三坪）を設置することにした。

横穴シェルターの耐震性

東日本大震災では堆積土が多く地下水位の高い平野部で多くの被害が起こった。だが山裾斜面にあるわが家の横穴シェルターは、地震の被害もなく安全が確認できた。

過去の災害に耐えたアーチ型トンネルに着目し、球体型としたので大地震、噴石等の外圧に強い。自宅の敷地内にあるので維持管理コストは安い。

一つ目の横穴シェルターは，二〇〇四年八月に、二つ目は二〇一二年一二月に完成した。

生活環境と防災設備

私たちの生活環境は、いつ起こるか分からない地震、落雷、洪水、突風、土砂、積雪災害等の災害リスクと共存している。人的被害を回避するには、「住」「食」「命」の三つを重点に次の設備を設けた。

○横穴シェルター　一号基・二号基の設置
○雨水利用の軒下・初期消火設備
○ため池地下の防火水槽と水中ポンプ

横穴シェルター

○電動ポンプ付救助資機材運搬車
○一人で一人を搬送できる二輪担架
○発電機・ＬＰガスコンロ・籾殻竈《がま》・灯油ホームタンク・湯沸かし用ドラム缶
○畑・空地・下水マンホールを利用して使用できる橇《そり》型移動トイレ
○停電時のロウソクより安全なガーデン用ソーラーライト

自宅敷地内に避難所を設けることの利点

○何も持たずに手ぶらで避難できる。
○避難中の余震、交通事故等、避難に伴うリスクが回避できる。

シェルターの内部

○高齢者、歩行困難者の負担が軽減できる。
○家族の安否確認のため公的避難場所を転々と探し回る必要がなくなる。
○避難所生活のストレスを回避し、気楽に休める時間や場所が確保できる。
○私設の避難所ゆえに娯楽室も作れる。
○自宅に避難所があるので倒壊した家屋の火災予防、防犯監視ができる。
○被災と同時に救助活動、復旧作業に着手できる。
○自家用車による遠方避難は、燃料、駐車場の確保が必要だが、それも不要となる。
○一斉避難によるパニック及び交通渋滞を回避できる。
○駅周辺の公的避難所は電車利用の乗客が殺到することが予想される、このため、観光客等の帰宅困難者に既存の避難施設を使用していただける。
○防災関係者、公助、ボランティアの負担が軽減できる。
○消防職員であった私は、家を留守にすることが多く、堅牢な避難施設を自宅に設けることによって、災害現場活動で最も重要な冷静沈着な判断が阻害されることなく安心して職務に専念できるようになった。

東日本大震災の教訓からみた提言

津波には「てんでんこに高台避難」、放射能には、放射線が届かない「遠方避難」が必要となる。津波から多くの国民の生命を救うには、住民に対し、「避難指示の伝達」を迅速に行う必要がある。このため、私は次のことを提案したい。

○海上津波観測網と灯台を連動させる。津波の来襲を感知したならば、避難信号として灯台の光の照射を三六〇度回転と同時に警笛を鳴らす。

○高台にある避難場所には発煙筒発射台装置を設け、遠隔操作で発射できるようにする。

○沿岸部にある道路交通信号機には、高台への避難指示マークを付設する。地震の揺れを感知したならば、ソーラー蓄電池と連動し、高台への避難指示マークを自動点滅させる。

○スクランブルによる沿岸の低空飛行を開始し、空から必要に応じて爆音、光、煙による避難指示を行う。

○住宅の高台移転に伴う付設道路法面に横穴シェルターを設置し、非常食の備蓄庫及び仮設住宅として活用する。

○外圧に強い半円形の防潮堤を組み合わせ、波の力を上下に分散、波の進行速度を減速させる。（壊れない防潮堤）

○ボランティア受け入れ支援施設として、被災地周辺の民家の提供を登録する。

○災害時に使用する重要な小型発電機や救助資機材が避難場所となる木造の部落集会所に保管されている、現状を解消するため堅牢な備蓄庫が必要である。

今後の取り組み

防災に「おもてなし」・浄土文化の普及をはかる

電動ポンプ付救助資機材運搬車

鹿児島県桜島の観光展望台に扉のない横穴シェルターがある。噴石から観光客の身を護る一時避難場所である。土は地球上で最も安価な断熱・防音・不燃・衝撃吸収材で、放射能の遮蔽物としては、土厚一〇センチメートルがコンクリート厚一〇〇センチメートルに相当するといわれている。土に覆われた横穴シェルターは、灼熱・降雨・降雪・落雷・突風の回避場所になる。観光客の安全を考慮したこのような取り組みは、世界平和を願う日本人特有の浄土文化の「おもてなし」であり、鹿児島県民の「おもてなし」が、全国に拡大することを切望している。

横穴シェルターの平時の活用

危機が起これば、自給自足体制や自給自足のお裾分けが極めて重要だ。このため平時においても、現在は玄米の低温貯蔵施設として活用している。更にウド、アスパラ、菌床キノコ、葉物野菜、園芸作物等の育苗施設として利用したい。

横穴シェルターの上に太陽光発電設備の設置

大地震、原発事故、風水害等では停電が起こりやすい。現在のソーラーパネルは設置面積を住宅の屋根に求めているが、土砂崩落危険を解消するため、放置された斜面を活用した横穴シェルターの上部に、受光面積の多い球体型・表裏両用ソーラーパネルを設置すれば、積雪による発電能力の低下が懸念される豪雪地帯でも電子自動制御の栽培施設として、一年中野菜の生産を可能にする事ができる。

私設・「緊急時離着陸場」の設置

災害時には道路の渋滞、道路の崩壊等で陸上の緊急輸送が困難になる。このため防災ヘリ、ドクターヘリ、による救急病院への搬送、支援物資の空中投下等、緊急時離着陸場として自宅裏山の牧草地を活用したいと考えている。

今後の課題は、離発着時のダウンバースト対策として、牧草を巻き上げないよう網目の細かい暴風ネットを牧草の上から覆って固定、その安全性について検証できないか検討している。

「絆」を深める地域間交流、「山の終着駅」

景観を考慮し、大自然の恵みを最大限に活用する生活活動拠点と防災活動拠点を一体化した道の駅ならぬ山の終着駅として、皆さんの知恵と絆で育てる「田舎の防災センター」を普及する。

（完）

伊東昭志さんは自衛隊に勤務された経験がある。広い視野、創造性豊かな方である。「自主防災」の在り方を自ら実践され「実践的な地域防災論者」でもある。

公的避難所を当てにせず、「自分や家族の安全を守ると共に、行きずりの人々や近隣に災害があれば、大型耕運機に防災資機材を積んで支援に駆けつける」。まさに危機に備えた事前対策であり、実用的な災害危機管理である。

伊東昭志さんから頂いた寄稿文の添え書きに「今を生きる喜びと今、死することの無念さを念頭に入れ、自主防災に関する私の取り組みが息子や孫に受け入れてもらえることを信じて書き下ろした」と述べている。

「家族の安全」、「地域社会の安全」を希求して止まない伊東さんの信念は、どこからくるのであろうか。いただいた文面に「鹿児島県民の「おもてなし」が全国に拡大することを切望している」と述べてあった。

伊東さんの考えは、まさに「自利利他の精神」ではないかと思う。

「人の世話にならない」、「人に迷惑をかけない」、「人のお世話をする」、「見返りを求めない」といった心を持つことは容易ではないが、災害列島に住むわれわれ日本人は、リスク感性を高め、自利利他の精神で危機に備えることは極めて重要なことだと思う。

事例2　被災者が語る「心の防波堤」

東日本大震災を体験された森田康彦さん（岩手県普代村役場）は、「3・11岩手　自治体職員の証言と記録」（晴山一穂監修・大月書店）には「心の防波堤……大災害を記録し伝える」と題して、次のような含蓄のある教訓を述べている。

気象庁、役所、防波（潮）堤を一〇〇％信用してはいけない

東日本大震災では気象庁は津波の高さを最初三㍍と予測しました。これでみな「大したことはない」と思い込み海を見に行きました。ところがきた津波は一〇～三〇㍍級。気がついたときにはもう遅かったのです。情報を頼り過ぎていた結果だと感じています。「防潮堤があるから大丈夫」、そう思って逃げずに津波にのみ込まれた人もいます。逃げる時間をつくるための防潮堤が人を死なせてしまいました。さらに悲惨なことには、役所が指定した避難場所に逃げ、そこでも多くの人が犠牲になりました。本当に悲しいことです。

自分の運命を誰かに託せば、自分の運命は誰かに左右される

森田靖彦さんは、「行政＝守る人、住民＝守られる人。この意識が住民に強ければ強いほど、津波で犠牲になる確率が高くなると思います。災害が大規模になるほど、自分で逃げるほかないと思います。そのためには、普段から防災グッズを備え、防災訓練に参加し、「自分の命は自分で守る

意識」を持つことが大事だと感じました。」

今回の大津波では「想定外」という言葉をよく聞きましたが、私は自然を想定できるのかと疑問に思います。そもそも「想定」とはどういうことなのでしょうか、行政の講じる防災は、過去のデーターなどから想定を設定し、ある一定のところまでは防ごう、という考えで行われていると思います。津波の場合の想定は、「過去に残る過去最大」という考え方をし、これまで防波堤や防潮堤などがつくられてきました。しかし記録に残る「過去最大」は古くても百年前でしかありません。もしそれ以前にもっと大きな津波がきていたとしたら、行政の想定は間違っていたものになってしまいます。そういう意味からも今回の震災でつくづく自然を相手にする「想定」はなく、常に自然は「想定外」だと感じました。

津波から逃れる最大の手だては、情報を過信せず日ごろから準備することだと思います。津波は必ずくるからそれを受け入れる「準備」をするのです。準備とは、自分が住んでいる場所にどんなリスクがあるのかしっかり理解をしたうえで、「逃げるという心の準備」、「避難する場所を確認する、もしくは新しい避難場所を考えるという準備」、「食糧を蓄えておく準備」などをすることです。日本全国にたくさんの教訓があり、多くの文献が出回っています。しかし、その危険性は十分に行政や住民に届いているのかと私は疑問に思います。私たちは、もっともっと自然のメカニズムや津波を理解し、それを地域や教育現場に生かす必要があると感じます。そうすることにより「想定外」が少しずつ「想定内」に変わっていくと私は思います。（略）これからも多くの証言を集めながら津波を検証していきたいと思います。最大の敵は自分のなかの「油断」です。（略）みなさん一人ひとりが「心の防波堤」を築いてほしいと願います。

（晴山一穂監修「3・11岩手　自治体職員の証言と記録」）

森田康彦さんは、災害に対して「最大の敵は自分のなかの『油断』」だと警鐘している。自らの安全を守るには……。

○情報を過信しないこと。

○被害想定を信頼しないこと。

○災害リスクを把握し、事前対策、危機に備えた心の準備、防災教育等が重要であること。

だと提言している。

ここでは大津波を例にあげたが、大地震、土砂災害、噴火災害、洪水、日常生活における幼児・子供・高齢者等の事故、火災、交通事故など、災害リスクに関する事故防止は情報をそのまま鵜呑みにせず、自ら的確な判断を持つことが重要だと思う。

3　避難と計画

形式的な訓練では命の安全は得られない

福島第一原発では、大震災が起こる以前に、電源がダウンしたとの想定で、避難訓練を実施したが訓練開始後、間もなく「電源は復帰した」とのことで、訓練を終了させている。

最悪事態を想定した訓練が行われていれば、実践に役立つ避難計画が策定できたと思う。避難という命の尊厳にかかわる訓練が、あまりにも形式的に行われた。事業所の管理者、行政に携わる担当者は、単なる形式的な訓練ではなく、本物の大災害と間違えるような実戦的な避難訓練が必要である。

早期警戒情報と避難

東日本大地震では、早期警戒情報体制が不備であった。避難が後手に回ったため多大なる被害が生じた。民間の気象情報会社が行ったアンケート調査によれば、「津波で大きな被害を受けた岩手県や宮城県の沿岸部では、地震発生から津波警報や注意報などの情報に接するまで平均で約二三分かかったそうである（実際には、地震発生から一五分～二〇分程度で津波が到達した地域もあったようだ）。地震発生直後から警報や注意報を知るまでの時間は全国平均で津波が約一七分。地震発生当時、「海岸近くにいたと答えた約二万人のうち、約半数は高台に逃げることができなかった」と回答している。（日経二〇一一年三月二二日）

千葉県旭市では、津波警報が出たが、二時間半後に第三波の大津波が押し寄せ、人や家が押し流された。

放射能の危険度を示すレベルは五から七になり、政府の避難指示は屋内避難、指定区域外への避難等、後追い指示で避難区域が拡大した。「早期警戒情報の伝達」と、「避難」の関係は極めて密接な関係あるので、教訓を細かく検証し対策を講じる必要がある。

指定避難場所は安全か

東日本大震災では、役所が安全と判断し、指定した避難場所に大津波が押し寄せ、多くの市民の命を失う事例が多かった。陸前高田市では、市が指定した避難場所に一五㍍を超える大津波が押し寄せ、一千八百人が犠牲になった。

「避難場所の指定」に不信感を持つ市民が多いのは、それだけ役所に対する信頼が失墜したことを意味する。被害想定は、想定が甘ければ甘いほど、巨大災害で被る損害は大きい。3・11の巨大災害が起こる以前の避難計画で安全に避難できた住民は一部に過ぎない。多くは事前計画もなく、試行錯誤の避難を強いられた。

帰宅難民への情報提供

3・11の大地震が発生したとき、私は東京・大手町にある元の職場（東京消防庁）の一二階でエレベーターを待っていた。突然、建物が大きく左右に揺れ始めた。立ってはいられい、どこかに掴まろうとしたが、掴まるところがない。思わず床にしゃがみ込んだ。

防火扉のフックが外れたのか、「ドシャ〜ン」「ドシャ〜ン」と壁に当たり、大きな音を立てた。経験したことのない大きな揺れに徒事ではないと思った。

揺れが収まり、屋内避難階段で一階に降りた。路上に出て大手町から東京駅へと向かった。路上に出てきた女性社員は防災頭巾を被り、リュックを背に不安気な顔で同僚と雑談していた。

東京駅は、東西の改札口が開放され、自由に通行できた。構内アナウンスは「列車はすべて運行を停止している」と繰り返し告げていた。八重洲口を出て京橋、神田、秋葉原、上野駅に向かって歩いた。車は大渋滞で長蛇の列だった。歩道は大勢の人だったが支障なく歩けた。どの店舗も煌々と灯りを灯し、道行く人々は、雑談しながら時には笑い声さえ聞こえた。

列車の再開を待つためか、御徒町周辺の飲み屋は、どこも一杯だった。これが東京直下の大地震だったらどうなるか？　ふと不安が頭の片隅を横切った。

路上を見上げれば看板、エアコン等が設置されている。地震動でビルが倒壊し、開口部を破って机や椅子、家具、什器類が雨霰《あられ》のごとく凶器となって落下してきたらどうなるのか。耐震性の強化を強調するが、落下物の予防対策が遅れている。

最近、ＮＨＫがテレビを通じて「超高層でも倒壊のおそれある」と放映（二〇一五年一年一八日）した。建物は高層化し、近代化しているが、上からの落下物を防ぐ防災的な手立てとなると、地震国としての防災に強い都市とはいえない。

（つんぼ桟敷におかれた列車を待つ群衆）

列車はいつ再開するのか分からない。上野駅に近い飲み屋で体を温め、再び上野駅に戻ったのは8時半を過ぎていた。相変わらずシャッターは降ろされたままで、列車の再開を待つ群集で駅前は一杯だった。駅員の姿はどこにも見えない。一人の警察官が忙しそうに民衆と応対していた。

疲れ切った若い母親が赤子を抱いて寒そうに縁石に座っていた。三月とは言え夜風は冷たい。私は思わず、警察官に声をかけた。「赤子を抱いた女性がそこにいる、駅内の部屋に入れてあげられないか？」とお願いしたが、警官もどうすることもできなかった。そばにいた中年の男は、「近くのマンションに住んでいるが、建物が古いので怖くなって外に出てきた。これから毛布を取りに行く。ここにいてくれ」と赤子を抱いた母親に告げた。そばにいた高校生らしき学生には、「君は今夜、泊まる所があるのか」と聞き、「東北からきたので、泊まる所がない」と言う。男は、「俺のところに来て泊まれ、毛布を持ってここに戻ったら、案内するからな」と伝えて、群衆の中に消えた。高校生は「はい」と返事し、安心したのか嬉しそうな顔をした。

しばらくして男は毛布を手に現れ、母親に毛布を手渡した。母親は嬉しそうに礼を言って赤子を包んだ。この頃になって、「今日は、列車は動かないそうだ」と誰となく言い出した。自宅の家族と交信している人が言い出したのだと思う。依然、駅員の姿は見えない。明らかに駅の対応は危機管理不在であった。列車が動かないので、私は宿泊場所を探そうと駅周辺を探したが、時すでに遅しで、ホテル、旅館は満杯だった。駅前の喫茶店も客で溢れていたが、何とか入れてもらい一夜を明かした。

翌朝、上野駅のシャッターは開いたが、中央改札口は大群集で犇《ひし》めきあっていた。ここで事故が起これば危ないと思い、上野公園に向かった。動物園は人はまばらで、トイレ、食事、休憩するには最適の場所だった。睡眠不足だったが、ゴリラやチンパンジーの檻の前で「お早う」と声をかけ、ここで時間を費やし心が癒された。昼頃、駅に戻り、ようやく列車に乗り帰宅できた。

東京都によると公民館、学校等の避難施設に泊まった人の数は、都内で約九万四千人、職場、

ホテルなどで一夜を明かした人の数を含めると、帰宅困難者は約三百万人と報じていた。(日経二〇一一年四月一八日)

東日本大震災で帰宅難民となり、予想しない経験をした。帰宅難民になれば、どう行動すればよいか、深く考えたことがなかった。大地震で命や家屋・財産等を根こそぎ失った人々からみれば、「帰宅難民は被災者の部類に入らない」と言われるかも知れない。「難民」とは言葉の定義によれば、「戦争、天災などのため困難に陥った人民、特に戦禍、政治的混乱や追外を避けて、故国や居住地外に出た人、亡命者と同義にも用いるが、比較的まとまった集団をいうことが多い」。(広辞苑)とある。

命の安全とライフラインが確保され、住むべきところがある状態で、交通がストップした程度では難民とはいえないのかも知れない。だが首都圏直下型の大地震を考えれば、危機管理の一環として当然、考えておかなければならない重要な問題である。

帰宅難民と交通機関

東日本大地震では、都心は震度五で、すべての電車が止まった。復旧に際し、JR東日本と私鉄、地下鉄との連携がとれず帰宅難民は混乱した。同じJR東日本でありながら、東京駅は改札口をすべて開放し、列車の運転状況について放送した。これに対し、上野駅は、すべての出入り口のシャッターが降り、駅員の姿はなかった。東京駅と上野駅では対応が大きく異なっていた。

　家路に着けない人々のために、国・都は避難場所を準備したというが、駅に集まった大勢の帰宅難民には必要な情報が伝わらなかった。地方からの受験、所用、通院、観光などで上京した人々への対応等、都、区、駅など公共機関は、相互に連携を密にし、緊急避難場所の所在を積極的に広報することが重要だ。

　マスコミ報道の多くは、被災地が中心で、都内に通勤する人々にとって必要な情報を報道すべきではなかろうか。隣接する千葉・埼玉・神奈川県等との情報や平時の防災訓練においても連携した訓練が必要だ。

4　消防団員の減少と地域社会の安全

消防団員の減少

消防団員の減少に歯止めがかからない。昭和三一年当時、一八三万二二二人を超えていた消防団員は、平成二七年四月一日現在、八五万九千九九五人に減少した。国の消防庁は、平成八年から検討委員会を設けて検討しているが、決め手となる名案は見だせないようだ。多くがサラリーマン化した社会では勤務形態が異なり、消防団員として仕事をするのは容易ではなくなった。「災害活動や訓練に伴う危険」、「規律、訓練」、「諸行事への参加、警戒」等で拘束される。団の運営も上意下達では、若い団員の意見が組織に反映されにくいので不満もあるという。

消防団員を如何にして確保すべきか、公務員（国・都道府県・市町村職員等）、郵便局員、女性消防団員など創意工夫をしているが、地域社会の安全に関わる問題であるだけにことは重大だ。消防団だけに依存しない新たな防災組織の検討が必要だ。

使命感と安全管理

東日本大震災では、災害活動に伴い、二五四名の消防団員が犠牲になった。大津波警報の発令に伴い……。

① 水門・陸閘門の閉鎖

② 避難誘導

③ 広報活動

④　交通整理等

の活動で避難の時機を逸し、命を失った団員が多かった。消防、警察、役場の防災関係者もまた災害活動や広報、避難誘導で犠牲になった方々が少なくない。安全管理は、今後の防災に生かさなければならない重要な課題である。

「消防団　…生い立ちと壁、そして未来…」（後藤一蔵著　近代消防社）によれば、宮古市消防団幹部会議（平成二三年一二月一五日）で、田中分団長は次のような質疑をしている。

○団長に聴きたい。あなたが守りたい「もの」はなんですか。私（田中分団長）の護りたいものは仲間の命です。

○団長と私を繋いでいるものは何ですか。それは半纏という絆ではないでしょうか。とはいえ、この半纏という「力」が、消防団員であるという使命感が、多くの仲間を失うことになったのではと考えたことがありますか？

○使命感という呪縛のような束縛から瞬間的に開放するには、どのようにしたら良いのか。私は震災前から考えていました。特に、地震などで正常に作動しない水扉門等があった場合のことは頭から離れませんでした。

○団長は、今回の震災で何を失い、何を学びましたか。私は「一寸の虫にも五分の魂」です。がれきの中で格闘している仲間と、財産を失ったことで惜しくても泣いたことはありません。しかし、仲間の訃報と住民のご遺体を見つけるたびに涙を止めることはできませんでした。私は、私を慕ってくれる仲間を、過酷な状況下の中、私についてきてくれた仲間を裏切るわけにはいきません。消防人として「ぶれたこと」はありません。

○今、大切な事は、体験をどのように「伝え」「教訓」にするかということです。この度の震災で多くの消防団員の証言が得られました。しかしそれはあく迄、生き延びる事の出来た消防団員の断片的な記憶からなるものです。更に重要なことは、震災を想定してどのように対応し、どのような成果を（実績）をあげたかの検証です。

私達の取り組みで第二八分団員全員が助かったとは申しません。それは様々な偶然と必然性の狭間で起きた出来事であり、私自身、うまく証言できません。ただ言えるとしたら、仲間の「命」を守る事を最重要項目で取組んだことです。（決め事）。そのためには管轄区域、四自治会と住民に説明し理解してもらい、協力してもらうことでした。この事は簡単な事ではないのです。

私は田中分団長の「使命感」の質疑を読み、大きな衝撃を受けた。

特に田中分団長は「震災を想定してどのように対応し、どのような成果（実績）を挙げたかの検証です」と述べている。このことは、命に係る問題であるだけに、ことは重大である。「使命」とは、自分に課せられた重大な任務をいい。「使命感」とは使命を果そうとする気概をいう」（明鏡国語辞典）。

大津波警報で、消防団員が水門・陸閘門を閉鎖する使命があるにせよ、任務は、身の安全を図る限られた時間との闘いである。限られた安全な時間内での活動は、成果（水門閉鎖）が得られる場合と得られない場合がある。それだけに水門・陸閘門の閉鎖は命がけである。

「命がけ」の意味は生死を顧みないで物事をすること（明鏡国語辞典）とある。「命がけ」で任務を果たすにしても、命を投げ捨ててまでとは求めていない。当然のことながら活動する団員の安全（管理）が担保されなければならない。使命感の名のもとに、安全管理を疎かにしてはならない、と田中分団長は述べたかったのだと思う。

消防団組織は、組織的に活動していると思うが、常備消防組織のような安全管理体制が整っているとは思えない。消防団員の使命感と安全管理の在り方、組織体制、情報伝達、装備の在り方等について、徹底した検証と改善が必要だ。

使命感とは、「さあやるぞ〜」「さあいくぞ〜」といった気力の基に、物事を成し遂げようとする精神力」と理解し後輩に教え、安全管理に努めてきた私だが、東京という大都市消防に勤務した関係で、消防団の安全管理は、団の幹部任せで、深く考えたことがなかった。都心の消防団は、災害活動では危険な仕事の多くは常備消防が行う。消防団には警戒や常備消防の活動に支援をお願いする程度であった。だが、大津波となると地上の災害とは大きく異なる。しかも「迫り来る危険（津波）に対する時間との闘い」である。大津波の恐ろしさを改めて思い知らされた。

人員の少ない消防団では組織的な活動がとりにくい。一人ひとりが自らの責任を果たすために行動しなければならない。迫りくる危険を忘れ、使命感だけが先行し、避難の時機を失う災害活動の在り方は抜本的に見直す必要がある。

３・１１の大地震後、友人の案内で南三陸町を訪れたとき、大津波で街並みが一変しているのに絶句した。茫々《ぼうぼう》たる瓦礫のなかに、津波の被害を受けた防災センターの鉄骨、消防署、病院等の瓦礫を見ると、数年前、この地を訪れた当時の美しい風景はどこにもなかった。目の前に広がる惨状に言葉を無くし、ただ呆然と立ちつくした。

最後まで声をふり絞り、避難を呼びかけた町役場の女性職員や関係者の方々、消防職員等、多くの方々が大津波で犠牲になった。自らの安全よりも、使命感を最優先に最後まで力を尽くされた方々に心からご冥福をお祈りした。

災害活動は安全管理と表裏一体の関係にあると理解していたが、一分・一秒を争う津波には、厳しい安全管理が求められることを改めて痛感した。災害活動にあたる人々を統括指揮するリーダーや迅速な情報伝達の在り方など、団員、隊員、職員一人ひとりの安全をどう守るか、貴重な教訓を今後の災害活動にどう活かすか、今後の重要な課題である。

消防団は地域防災の中核になれるのか

「消防団を中核とした地域防災力の充実強化に関する法律」（平成二五年一二月一三日）が制定された。この法律は、東日本大震災の教訓を踏まえて、住民の生命、身体、財産を災害から守るには、消防団を中核とした地域防災力の充実強化を図るための法律である。

この法律の二条には、「地域防災力とは、住民一人一人が自ら行う防災活動、自主防災組織（災害対策基本法に規定する自主防災組織をいう。）」と定めてある。また、第三条（基本理念）には、地域防災力の充実強化は、住民、自主防災組織、消防団、水防団、地方公共団体、国等の多様な主体が適切に役割分担しながら、相互に連携協力して取り組むことが重要だと定めている。

法律で定めることは容易だが、いきなり消防団が地域防災の中核的な存在といってみても簡単なことではない。「消防」と「防災」の概念には、かなりの違いがあるからだ。消防の沿革をみれば、消防の中心は、火災、水災が中心であった。最近は防災の分野にも消防はその一翼を担うようになったが、防災行政は縦割り行政のなかで多様化している。常備消防が防災業務を担う範囲は諸都市によって異なる。

消防団の主たる任務は現在でも火災の消火、水防活動等が中心である。私が住む地域では、火の元用心の広報、消火器業者と同伴で消火器の定期点検、地元自治会、町会が実施する防災訓練等で、消防署員と協力して消火器の使い方を教えている。

消防団の訓練といえば、ホースを延長し、火災の標的に向かって、迅速に注水するかを競いあう訓練が中心だ。国の縦割り行政のなかで、法律で消防団を地域社会の中核的存在と位置づけてみても、果たしてうまく機能するのか極めて疑問に思う。これも典型的な省庁縦割り行政の弊害である。

最近、イスラム国が日本を敵視する時代になった。テロ、原発事故、巨大災害等を考えると、国や自衛隊、警察、消防といった公的機関に任せておけば安全が得られる時代ではなくなった。スイス民間防衛・防災組織を見習った体制づくりが必要だ。

消防団を地域社会の防災の中核と位置付けるのではなく、地域社会に民力主体の防災組織を設けることが必要だ。このため自治体が中心となった自主防災組織が必要だ。消防団員にこのような責務を負わせることは、苛酷《かこく》であり多くの成果を期待することは難しい。

5　地域社会の防災力を高めるには

自主防災組織の再編

地域社会の防災力を高めるには、町会、自治会、企業、農・水産業者、各種団体を含めた自主防災組織が必要だ。だが、現状は、消防団は消防法令を通じて、火災予防や災害活動等、職務上の権限が認められている関係で、常備消防機関（消防本部、消防署）と密接な関係にある。一方、町会・自治会の「自主防災組織」は、市町村の防災担当が窓口になっているところが多い。企業の自衛消防組織は、消防署が訓練指導を担当している。

法律で消防団を「地域防災の中核」と定めてはいるが、ここには大企業、中小企業は除外している。省庁縦割り行政によるものと思うが、企業も地域社会の一員であり、自衛消防組織があり、地域防災の一翼を担うのは当然である。地域社会の防災は国が主導的立場で権限や財政を背景に、ものごとを決めているが、地域社会の安全は、自治体が中心となって考えなければならない重要な問題だ。

なぜ民間防衛（防災）組織が重要か

戦後、日本は憲法九条のもとに、平和国家となり、国際社会への貢献を通じて世界の国々から信頼され、国民も安全社会を享受してきた。だが近年、国際社会を取り巻く環境は著しく変化するようになった。小泉内閣の当時、有事法制で「国民保護法」が整備され、国民の安全を保護するための法律だと強調した。

現在、安倍内閣は「安全保障関連法」を成立させ国民の平和と安全を守る法律だと強調した。だが、あえて繰り返すが私の戦時中の空襲体験からいえば大空襲の最中で、消防隊や警察、軍隊の姿はどこにも、なかった。活動していたのは、警防団が中心だった。政府がいう「国が国民の安全を守る」というが到底、信じることはできない。自衛隊や消防、警察等の公的機関の力だけで国民の安全を守ることは不可能である。

民間防衛組織とは何か……。

「外敵からの軍事攻撃や侵略行為によって生じる生命や財産への危険を防ぎ、それらを守るために、一般の市民が行う非軍事的な防衛行動のこと。近代の戦争が、戦線と銃後の区別をなくし、また軍隊だけでなく国民の抵抗意志をも目標とするようになった。このため、民間防衛は組織化され、政府によってその知識や方法の普及がはかられるようになった。たとえば普通の爆発物やロケット弾、核兵器、化学・生物兵器による攻撃に対して、どのように防御措置を講じたらよいか、空襲にそなえる退避壕《ごう》や放射能への遮蔽壕をどのように設置すればよいか消火隊や救護隊を民間でどのように編成すべきかなどである」。
（ブルタニカ国際大百科事典）

スイス民間防衛組織に学べ

スイス政府は、国民向けに国家防衛・防災のための「民間防衛　スイス政府編」（マニュアル）を国民に示している。私がこの本を手にしたのは、昭和四五年頃であった。当時、この本を読み感じたことは、スイスという小さな国、永世中立国が、なぜ、このような民間防衛組織が必要か理解できなかった。当時の日本はそれだけ安全社会であったのである。今、改めて読み返すとまったく違和感がない。それだけ国際社会の平和と安全を脅かす危機やリスクの多い時代へと変化したのである。ここで「スイス民間防衛」について簡単に触れておきたい。

目次には「平和」、「戦争の危機」、「レジスタンス（抵抗活動）」等に区分してある。外国から侵略を受ければ、国民は「軍の後方に隠れていれば安全」だと感じることができなくなった。国土防衛として国民は何をなすべきか、民間防災組織法を定めている。民間防災組織には、避難場所、核兵器、生物兵器、化学兵器、被災者救護、消火活動、救助活動、救護班と応急手当等について、具体的にマニュアル化している。

スイス民間防衛の地域防災組織

○指揮・警報伝達班
自警団組織
地域防災組織
国防軍の地域防災隊との連絡係
近隣市町村との連絡係
住宅自警団（住民六〇～八〇）
職場自警団（行政機関一〇〇名以上）
五〇〇名以上のベッドのある病院

○戦時消防班

第６図　スイス民間防衛の地域防災組織

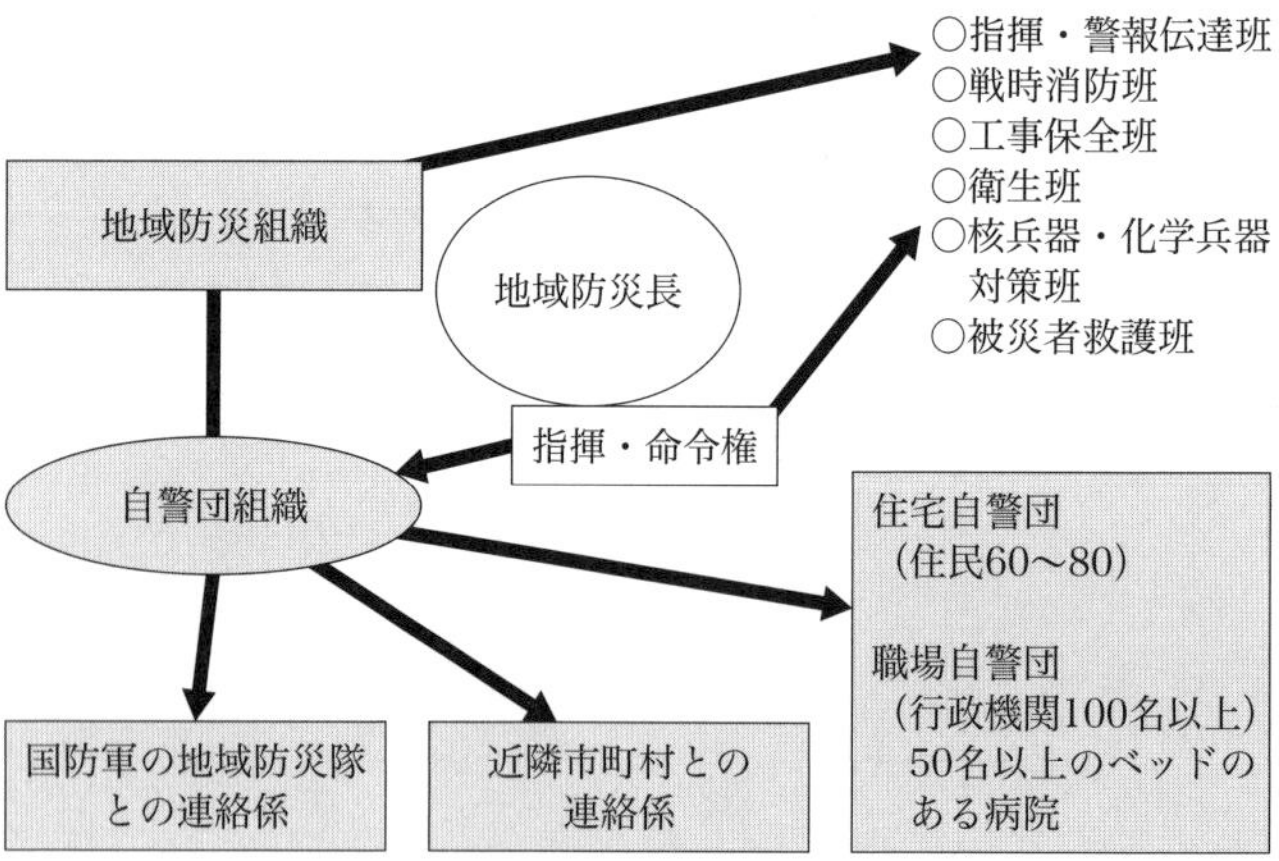

「民間防衛」スイス政府編より引用し作成した

○工事保全班
○衛生班
○核兵器・化学兵器対策班
○被災者救護班

指揮・命令権……第6図参照

地域防災長

核戦争やテロ災害に備えたマニュアルで具体的に示してある。放射能や化学兵器・生物兵器が使用されたならば、どう対処すればよいか、防護方法について述べてある。

防災訓練は実務に役立つ成果主義で行え

・小さい火は叩き消す
・寝室のドアを閉める

地域防災長の任務（スイス民防の例）

○地域の実状に即しているか
○有効に活動できるか
○担当区域内には、危険なところはないか（建物・道路・交通網・その他）
○指揮をとる民間防災組織の動員計画の策定
○防災組織を動員する場所、時期、住民の自力防衛に任せてよい地域の判断等
○どこにどのような軍事的・経済的目標があるか
○どの地域に火災危険があるか
○どの道路に土砂くずれの危険があるか
○どこに消防用水があるか
○どこに貯水地を設けるべきか
○その他

「民間防衛」スイス政府編　原書房より引用

・火が燃え広がらないようにする。
・水や砂をかけて消火する

消火の要領

消火は消火器だけではない……　消火の方法はいろいろある

布を「ほうき」に巻きつけた火たたきは、小さな火災を消しとめるのに役立つ。とび口は、燃えているカーテンを引き裂き、燃えやすいものを火から遠ざけるために使う。水に浸した布や毛布は、消火作業にあたる者を防護し、衣服に火がついた人を助けるのに役立つ……等、火を消すには、「叩き消す」、「砂をかける」、「とび口を活用する」等についてマニュアル化している。

日本は消火器が中心であるのに対し、スイス民間防衛では、いろいろな消火方法を教えている。小型ポンプ操法にしても小型ポンプがなければ、消火することができないようでは、応用力の効かない消火訓練になる。

食糧備蓄……家族一人当たり

ミネラル・ウォーター　二リットル

米＝二キロ（米は、虫がつかないように、乾いた風通しのよい場所におけば、一年間くらい保存

できる)
麺類＝二キロ
砂糖＝二キロ
食用脂肪＝一キロ
食用油＝一リットル
石鹸、洗剤（風通しのよい屋根裏等の場所に貯蔵すれば、何年でも保存が可能）
その他、スープ、ミルク、果物、肉、魚など
以上は、「民間防衛」から引用した。

ここでは、一例を示したに過ぎない。諸外国の民間防衛組織を参考に、日本の風土や国情にあった民間防災組織の在り方を検討し、結果を重視した実践に役立つ組織体制、マニュアル等を策定することが重要だ。

第六章　災害リスク教育のすすめ

1　災害とリスク感性

東日本大震災が起こった翌年（二十四年三月）、中央教育審議会は、「学校安全の推進に関する計画の策定」について文部科学省に答申した。「子供が自ら安全の有無を判断し、行動できる教育」への転換であった。答申の背景には大津波から多くの子供たちの命を救った釜石市の例、多くの子供たちが大津波で流された石巻市大川小学校の教訓の例等が基因したものと思う。

リスク社会といわれる今日、次の時代を担う子供たちが、平時の災害事故や危機的災害で命を失い、障害を被ることは、家族や知人の悲しみはもとより国家社会にとっても大きな損失である。危機管理はともすると起こった災害に目を向け対象療法的に処理しがちである。大人に対する防災教育だけでは多くの効果は期待できない。幼い時から災害の恐ろしさを教え、自らの判断で行動できる教育こそ生きた教育である。災害や事故を未然に予防・回避するには、幼児、子供に「危ない！」「危険だ！」と教えるだけでは事故は防げない。

「雀百まで踊りを忘れず」、「三つ子の魂百まで」というが、幼い頃からリスクとは何かを教え習慣づけることによって、生涯を通じて身の安全を守り、大人になって子に伝えることができるのである。

長年、「災害の危機管理」、「災害リスク教育」に携わってきた私は、中央教育審議会の答申を読み少なからず驚いた。米国社会で行われている幼児、子供の「リスク・ウオッチ」教育と考え方が極めて類似していたからである。

日本の教育は概して形式的、抽象的、観念的である。先生が一方通行で幼児・子供に教える教育を改め子供たちが自ら判断し行動できる教育を行うことは、実利的、科学的、合理的な教育手法である。字の読めない幼児から小学生を対象にしたリスク感性を高める米国の幼児・子供の安全教育は、これからの日本社会にとってますます重要になるだろう。

日本は先進国だが、幼児、子供の安全教育は残念ながら遅れている。幼児、子供のリスク・ウオッチ教育は、大人にとっても重要だと思う。どこに、どのような災害リスクがあるか、リスクを回避するにはどうすればよいか、災害が起これば、どのようにして身の安全を守るか、について、その手法を身に付けることによって、多くの災害や事故から身の安全を守ることができる。「リスク・ウオッチ」教育については、先で説明する。

リスク感性があなたの命を守る

東日本大震災では、数秒の差で大津波から逃れた人、津波はここまでは来ないと過信し避難せず波にさらわれた人、「車で避難するか、徒歩で避難するか」の選択一つで命を失った方、阪神淡路大震災では、家に留まるか、外に飛び出すかの瞬時の判断で命の安全を左右した。

「災害から命の安全を守るにはどうすればよいか」、人の運・不運もあるが、危機的な災害や日常の事故は単に、運・不運だけの問題ではない。ここには「災害に対するリスク感性」が大きく作用している。

あえて繰り返すが、現代社会は「リスク社会」である。私たちは日々、様々なリスクの中で生活をしている。災害や事故から身の安全を守るには、「リスク感性を高める」ことが何よりも重要だ。「リスク感性を高める」という意味は、「どこに」、「どのような」、「リスク」があるか、平素からリスク感性を高めることで、災害や事故から身の安全を守ることができるのである。

例えば、自転車に乗り携帯電話を使用しながら走行する若者。雨の日に、駅舎の中を傘を水平に持ち、傘の先端をこちらに向けて疾走してくる人がいる。明らかに危険な行為だ。一つ間違えば大怪我をさせる事になる。このような人に、最初から「リスクを予防、回避せよ……」といっても始まらない。自分のしている行為・行動が、一つ間違えば、人を傷つけ、自らも大怪我をすることに気が付かない。危険な行為とは何か、リスクとは何かを理解させる教育が重要である。

ある作家のリスク感性

かなり前の話になる。ＮＨＫの深夜放送で、作家　五木寛之が新聞に掲載した「親鸞」について、ディレクターと次のような対談をしているのを聞いたことがある。

ディレクター　「ワイフが五木さんの「親鸞」の続きを読みたいといっています」。

五木寛之　「皆さんからそういわれます。一年にわたる新聞連載は大変です。風邪もひけない。タクシーに乗るときは中型タクシーを選んで乗るのです。万一、事故の際に被害が少なくてすむようにと思ってね、毎日毎日が真剣勝負なのです。新聞は休刊日が少ないでしょう。ですから健康と体調、頭をすっきりとさせておかねばならないのです」。

五木寛之の「健康」、「安全」、「頭の回転は作家の命」という徹底したリスク感性、リスクマネジメントをお持ちで少なからず驚いた。その後、「親鸞」の後篇を執筆された。

作家、曽野綾子は「絶望からの出発」（ＰＨＰ研究所）で……。

「走っている電車のドアに寄りかかっている人がいるが、私はああいう気になれない」。ドアというものは、もしかすると何かのはずみで開いてしまう可能性があるからで「冷蔵庫に入って遊んだりしたら閉められるよ」、「池のそばに行ったら落ちるかも知れないよ」、「電気器具をいじったらビリッとくるよ」、「わけのわからない薬を飲んだら苦しくなるよ」という具合に、危険の可能性を教えることこそ親の任務である。

少なくとも古い冷蔵庫の売買や修理をするところでは、自分の作業所に子供が勝手に入ってきて、勝手に冷蔵庫の中に入り込み、窒息死して死んだと言われたら迷惑な限りであろう。それなのに、お前の管理が悪いからこうなったと言われたら、踏んだり蹴ったりだと思うだろう。

（曽野綾子　「絶望からの出発」ＰＨＰ研究所）

作家の仕事はもっぱら机と向き合い、文章作りに精を出し、「リスク」や「事故」には縁がないものと思っていたが、さにあらずで、「健康」、「安全」、「頭の回転」は作家の命だという五木寛之のリスクマネジメントに敬服した。

曽野綾子は「電車の中の子供の動作や遊び等」、安全に対するリスク感性の豊かさに認識を新たにした。「人を感動させる素晴らしい作品を生む力の陰には」、自らのリスクマネジメント、他人の行動に鋭い感性をお持ちだ。見習う必要がある。

救急出場件数の増大とリスク教育

第5表は、東京消防庁管内で起こった、ある一定期間の救急出場件数で、年令別、受傷形態別に分類、整理したものである。

この統計表は私がボランティア活動をしていた当時、「市民のリスクと安全を守る会」で資料として配付したところ、よい資料だと好評だった。というのは街中で「ピィーポー」のサイレンを鳴らして走る救急車を見かけても、どのような事故で搬送しているのか分からない。この表は、幼児から大人、高齢者に至るまで、年齢別に受傷形態が分類整理され理解しやすいからである。

幼児はどのような事故で救急車を要請したのか、〇才～五才児で最も事故が多いのは、その他を除けば、①転倒、②異物誤飲、③転落、④熱傷、⑤墜落である。お孫さんを持つ保護者、保育園、幼稚園の先生にとって事故防止の参考になる。六〇才以上は、その他を除けば、①転倒、②転落、③異物誤飲、④墜落、⑤刃物等の事故である。

幼児と六〇才以上で、事故の傾向が類似している。中年を過ぎると足腰が弱くなる。幼児も足腰が弱い、このため転倒しやすい。この表では、残念ながら事故を起こした背景や経緯が読み取れない。どこでどのような状態で転倒したのか、路上の段差で転倒したのか、階段での転倒か分からない。このためリスク対策に生かすことは難しい。この救急事故統計は、貴重な資料だが、受傷形態の背景が分かれば、更に事故防止を図ることができると思う。

20～29	30～39	40～49	50～59	60以上
573	712	775	1,473	16,055
69	96	64	60	235
38	27	22	42	84
554	497	237	206	348
41	36	23	16	66
60	56	48	97	147
147	184	192	386	1,979
80	86	84	118	469
101	95	59	68	201
3	0	1	7	211
147	123	80	128	871
8	7	6	6	13
1,314	910	423	235	308
668	572	446	521	2,481
3,803	3,401	2,460	3,363	23,471

（東京消防庁の資料による）

第５表　救急統計資料

受傷形態	才 / 計	0～5	6～14	15～19
転　倒	22,274	2,184	391	111
衝　突	998	318	134	22
挟まれ	538	264	52	9
刃物等	2,416	233	204	134
鈍器物	377	133	51	11
咬　傷	509	45	39	17
転　落	3,852	811	113	40
墜　落	1,318	368	85	28
熱　傷	1,042	448	52	18
溺　水	251	27	2	0
異物誤飲	2,983	1,478	117	39
ガス中毒	42	0	1	1
薬物中毒	3,462	25	20	227
その他	5,691	634	222	147
総　計	45,753	6,968	1,483	804

第5表の、幼児の「墜落」であるが、事故に至った行為、行動、周囲の状況等は、すべて同じではない。ベランダに台や椅子があったので、そこへ這い上がりベランダから墜落したのか、公園の滑り台から滑り降りようとして墜落したのか分からない。

「転倒して受傷した」場合も、どのようなことをしようとして転倒したのか。転倒といっても家の中での転倒、庭での転倒、散歩での転倒か、転倒もさまざまである。リスクを正しく把握するには、場所や行為、行動、周囲の状況等を明確に把握し対策を講じることが重要だ。

事故が起こった背景について、消防に調査を求めることは無理だと思う。増大する救急事故件数を少しでも減らすには、「転ばぬ先の杖」ではないが、事故の起こった背景を把握できる体制が必要だ。

2　災害リスク教育のすすめ

知識と安全

「無知はリスクである」。知識がないと事故を起こす可能性が高い。的確な判断、安全な行動力は、正しい知識、ものごとの原理原則に沿った知識が必要だ。日常生活で起こる様々な事故、危機への備え、危機が起こった際の判断と行動は、過去に起った数多くの教訓を学ぶことでリスク感性や行動力を高めることができる。

事例1　ヘアドライヤーを暖房代わりに布団に入れて使用し出火した。

事例2　電子レンジで猫を乾かして事故を起こした。（アメリカの事例）

猫を風呂に入れ、乾かすために電子レンジに入れ、ふたを閉めスイッチを入れたところ爆発して猫は死んだ。ドア越しに見ていた主婦は、爆発の勢いでドアが顔面に当たり、大怪我をした。主婦はメーカーを相手に訴訟を起こし勝訴した。

○猫を乾かすために使ってはいけないと器具に表示されていない。

○猫は死に、自分は怪我をした。

○電子レンジは使用不能になった。

欧米ではオーブンはものを乾かす習慣がある。電子レンジはオーブンとは異なり、温風で温めるのではなく、マイクロウエーブを使って加熱する。取り違えると大事故になる。この話は作り話だという人もいるが、ことの真偽はともかく、日常生活には多種多様な設備器具があるので、操作の手違いで思わぬ事故を起こす。

事例4　浴室で殺虫剤を撒き、ガスに点火したところ、充満していた可燃性ガスに引火、大火傷を負った。

事例5　冷蔵庫内の霜取りをするため明かり取りにライターを使用したところ、ウレタンに着火して火災事故を起こした。

事例6　自宅で手作りの菓子を作る際、焦げ目をつけるためにハンドトーチを使用し、試しにベランダに向けて火をつけたところ、干してあった衣類に着火し、衣類、網戸、カーテン、エアコン室外機、ソファー等を焼損した。

災害と行動力

「行動科学」とは「人間の行動に関する一般法則を、心理学、社会学、人類学、精神医学、経済学など諸科学の連携のもとに、体系的・総合的に究明しようとする学問領域」（広辞苑）とある。

これまでの日本の防災教育は、主として形式的でワンパターンな教育訓練を実施してきた。「災害リスク」、「人間の行動科学」、「人間の心理」、「実用的な教育訓練」に着目した研究や訓練がほとんど行われてこなかった。この点、災害リスクに関する研究や行動科学は、米国の方が日本よりはるかに進んでいる。

ここで二〜三、例を挙げる。

① **消火器で消火するときは、出入り口を背にして消火せよ。**

室内の火災で消火器を使用する時は、出口を背にして消火する。室内に煙が充満すれば出入口を見失う危険があるからだ。

② **ホテルで火災を察知したならば　どう行動すればよいか。**

日本では、ホテルの多くは、部屋の出入り口のドアの内側に避難経路図が表示してある。

ベッドには、「寝たばこ禁止」の注意書きがある。

米国のマニュアルには　部屋の中で火災を察知したならば……。

ア　扉に手を当てる。
↓
イ　熱ければ扉を開けない。
↓
ウ　シーツを濡らしてドアの周囲を目張りする。
↓
エ　消防に通報し、部屋の番号を告げる。
↓
オ　窓を開けてシャツを振り消防隊に知らせる。
↓

扉が熱くなければ

カ　キーを持って廊下から階下に降りる。
↓

キ　煙が激しければ部屋に戻り、ア〜オの手順で行う。

③ 市民の心肺蘇生術で、安全をPRする

米国・シャトル市の空港には「歓迎！　心筋梗塞を起こすならシャトル市へ！」の垂れ幕があるという。これを見た多くの乗客はびっくりするそうだ。シャトル市民の七〇％は、心肺蘇生術を身につけているので、旅行者に万一、心肺停止の事態が起これば、市民は直ちに「心臓の停止」や「意識があるか」を見極め、直ちに心肺蘇生術を施すことができるのだそうだ。

日本では、シャトル市のような例は聞かないが、空港、鉄道、フェリー内、フェリー・ターミナル、観光バス等の交通機関、医療機関、公共施設、商業・娯楽施設等にＡＥＤ（自動体外式除細動器）が設置されるようになった。

国内では一一九番通報で救急車を要請した場合、通報してから現地に救急車が到着するまでの必要時間は、平均、約七分程度かかる。救急隊や医師が現地に到着してからＡＥＤを使用するよりも救命率が数倍高いといわれている。胸骨圧迫と併せＡＥＤを誰でも操作ができる安全社会を目指す必要がある。

日常生活に役立つ安全教育

レオボスナーは、日本の防災訓練について、「即応計画、意思決定の過程の効果測定を意図したものになっていない。重大な即応計画の瑕疵《かし》が継続的に見逃しているのではないか」、「災害訓練は、通常、下稽古が行われ、台本の技術の披露であることが多く、意思決定の練習になっていない」と指摘している。

公的機関が行う、企業や市民を対象にした訓練は、一般に行事として形式的に行われることが多い。防災教育や訓練を行うには、訓練を行うことの目的、教育訓練を実施した結果の確認（教育効果）が重要だが、ほとんど検討されてきていない。「訓練は参加することに意義がある」では、実際の災害には役に立たない。

消火器を使った訓練は、単に操作の方法、消火の方法を教えるだけでは十分ではない。

① 消火器がなければどうするか。

② 室内で起こった火災を消火するには、どのような位置から消火すべきか、

といった消火の要領、身の安全について実践に役立つ教育訓練が重要だ。

米国はプラグマティズム（実用主義）の国なので、災害の分野においても人間の行動科学の研究

や実用的な教育が進んでいる。日本も遅ればせながら、実用主義の考えを積極的に取り入れる必要がある。

3　幼児・子供の安全教育

東日本大震災と学校教育方針の転換

これまでの防災教育は、「教える教育が中心」であった。知識、暗記力に優れていれば優秀と評価され実践に役立つ教育は行われてこなかった。このため中央教育審議会の答申で「自ら判断し、自ら行動できる教育方針へと転換させたこと」は一大変革であった。

この答申の「安全に関する教育の充実方策」には、次のことが示されている。

i　日常生活における事件・事故、自然災害などの現状、原因及び防止方法について理解を深め、現在や将来に直面する安全の課題に対して、的確な思考・判断に基づく適切な意思決定や行動選択ができるようにすること。

ii　日常生活の中に潜む様々な危険を予測し、自他の安全に配慮して安全な行動をとるとともに、自ら危険な環境を改善できるようにすること。

iii　自他の生命を尊重し、安全で安心な社会づくりの重要性を認識して、学校、家庭及び地域社会の安全活動に進んで参加し、貢献できるようにすること。

教育手法の改善は、講話を聴くことに加え、その知識や態度を定着させ、更に行動にまでつなげていく必要がある、例えば、実際に学校内での危険個所を探す、通学途中の危険個所を確かめる、自転車の点検や安全な乗り方を練習する、地震が起こったことを想定して避難訓練をする。自動体外式除細器（ＡＥＤ）を実際に使ってみる。といった体験的な学習が有効である。と述べている

この答申は、学校の子供を対象にしているが、職場や家庭、大人、保護者、高齢者等、地域社会に住む人々も「災害リスクについて学び、自ら判断し、行動できる」体制づくりが必要だと私は思う。

自ら判断し行動できる教育へ

防災教育の基本方針が大きく転換した背景には、一例を挙げれば、釜石市で実施していた「大地震が起これば大津波がやって来る、一刻も早く高台を目指して逃げろ」といった教育訓練が結果において、多くの子供たちの命を救ったといわれている。

一方、宮城県石巻市大川小学校では、大津波によって生徒七四人、先生一〇人が大津波で犠牲になった。

引率する教師の「リーダーシップ」もさることながら、日ごろから子供たちに大地震が起こったならば、どう行動すればよいか、教育訓練をしておくことが重要だ。学校には、どこにどのような防災設備があるか、災害が起これば、どのようにして使うのか、知識として教え、行動力を高めることが重要だ。

遅れている日本の幼児・子供の安全教育

歴史的風土や文化の違いがあるにせよ、日本社会は、諸外国に比べて幼児・子供の安全教育が遅れている。災害や事故が起こっても「喉元過ぎれば熱さを忘れる」ではないが、教訓として活かすことなく、対症療法的に処理している。

幼児・子供に消防車、救急車、パトカーに関する絵本や玩具を与えるが、災害や事故に関する幼児・子供のリスク教育になると、ほとんど行われてきていない。

幼児の頃からリスクとは何かを学ぶことで、将来、大人になって、職場や家庭生活を営むうえで大いに役立つのである。幼児・子供の事故については、国としての災害事故統計書が見当たらない。ネットで検索すると、個人の団体、医院等で、子供の事故を調査し、注意を呼び掛けているが、体系的な社会教育が行われていない。改善すべき問題だ。

米国のリスク・ウオッチ教育の目的と理念

米国では幼児、子供を対象に、「リスク・ウオッチ（Risk Watch）」教育が社会教育の一環として行われている。立派な教本のもとに、先生、保護者、園児、子供の三者の連携プレーで実施している。

なぜ、小さな子供たちに「安全教育」が必要か。「リスク・ウオッチ教育の教本」には「毎年、就学年齢が高まるにつれ、思わぬ怪我、誘拐、薬品事故、病気と結びつき、不具となり死亡している。このような悲劇は、単に子供や家族に影響するだけではない。子供のクラスメイトや地域社会にも大きな影響を与えている」という。

リスク・ウオッチ（〝Risk Watch〟）教育の背景にある哲学とは何か？

「先生は、未来の安全について鍵を握っている」。「子供たちにリスクを認識させ、リスクを回避させる。そうすることによって、私たちはより多くの生命の安全を確保することができる」と説明している。

「リスク・ウオッチ」教育のプログラム

リスク・ウオッチ教育の教本（米国防火協会・ＮＦＰＡ発行）」は四冊からできている。

○「保育・幼稚園児用」
○「小学校一年〜二年生用」
○「三年〜四年生用」
○「五年〜六年生用」

プログラムは次の八つの事故防止を対象にしている。

① 自動車の事故
② 自転車・歩道の事故
③ 火災、火傷の事故
④ 転落事故

⑤　窒息事故
⑥　毒物事故
⑦　ピストル、拳銃の事故
⑧　水の事故
ピストルを除くと、日本の幼児・子供の事故とほぼ類似している。

先生、保護者の指導心得、教育目標

○教育の重点……

「自ら考えて判断する」、「自ら考えて行動する」に重点を置き、教育手法には興味と関心を持たせるための創意工夫がなされている。

リスク・ウオッチ三面等価の原則

先生、保護者は、リスク・ウオッチ教育を行う目的や心構えについて、次の三面等価法が重要だと強調している。

ここでいう「リスク・ウオッチ三面等価の原則」とは、リスク・ウオッチ教育に携わる「先生」、

「保護者」、「幼児・子供」の三者を、同等に重視しなければいけないという意味である。

○教育指導者の心得

第7図は指導者（先生・保護者）の心得について示したものである。

① **知識（Knowledge）**
・すぐれた技能、腕前
・事実
・専門技術
・知ること、認識
・方策、手段

② **活動（Activity）**
・事実に接すること
・係わり合いを持つこと

第7図

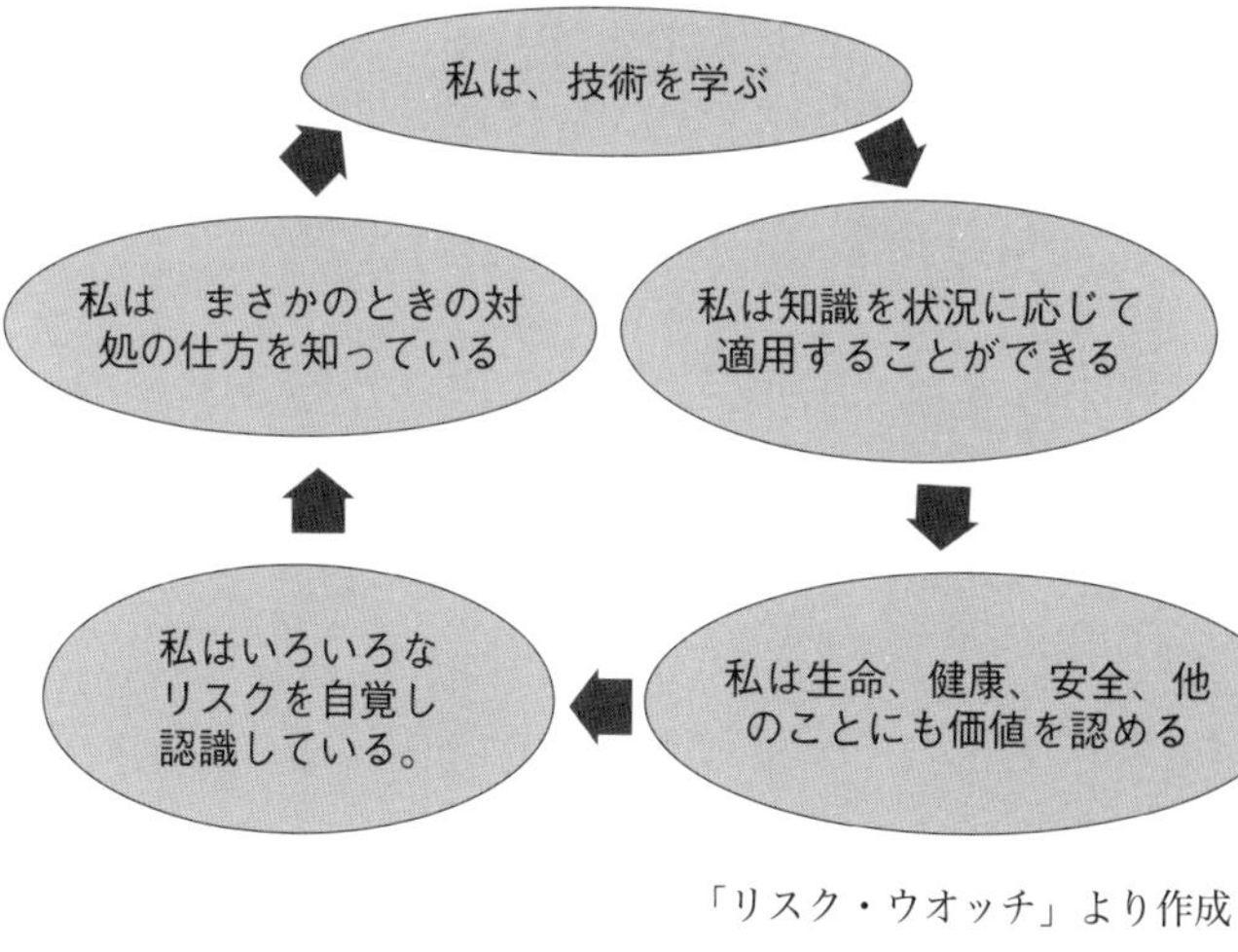

「リスク・ウオッチ」より作成

・問題を解決すること
・創造する力を持つ事
・実践すること

③　責任（Commitment）

④　愉快に、楽しく、考え、判断させる

「リスク・ウオッチの教本」を手にして感じることは、楽しく、愉快な遊びを取り入れたカリキュラムの編成に大人も思わずのめり込んでしまう。

字が読めない入園前の幼児には、絵を見せて、○か、×の印を付けさせ、ぬり絵を書かせることから始める。字が読めない幼児でもリスク教育はできるのである。

幼稚園児になると、

①　一枚の大きな絵（街の風景、家の中、外で遊ぶ子供たち、海岸など）の中に危ない遊びが描かれている。リスク（危険）のある行為か危ない行動かを発見する訓練。

②　AグループとBグループの絵を見せ、関係のある絵を線で結ぶ訓練。

③　絵を見せて答えを書かせる訓練。

④ **衣服に火がついたときの火の消し方等、創意・工夫に富んだ教材が整備されている。**

衣類の多くは、ナイロン、アクリルといった化繊製品が多い。しかも衣服に着火すると、アッという間に燃え広がる。特に幼児、子供は衣服に火が付くと驚き慌てて、走り回るので、火は一層、燃え上がる。

米国の幼児教育では、衣服に火がついたなら、次のような「ストップ＝Stop」、「ドロップ＝Drop」、「ロール＝Roll」の教育訓練を行っている。

○「ストップ」＝「直ちに止まれ！」。驚き、慌てて走ってはいけない。

○「ドロップ」＝床や地面に「しゃがめ！」。

○「ロール」＝「床（地面）に転がれ！」……で火を消す。

この訓練は、日本ではほとんど行なわれていないが、非常に重要な訓練の一つである。

小学一年生から高学年に進むに伴い、算数や国語、文章作成等を取り入れ、知識を向上させるカリキュラムになっている。

⑤ **玩具の腕時計を手首に付けさせ歌を唄わせリスク感性を高める。**

リスク・ウオッチのウオッチ（Watch）は、日本語で「腕時計」、「観察」、「注視」、「監視」といった意味がある。「腕時計」と「観察」を結び付け、腕時計の文字盤に「目のマーク、RISK WATCHの文字」の入った玩具の時計を手首に付けさせる。「リスクをしっかりと観察し把握しなさいよ」といった意味が含まれているようだ。

幼児を楽しくさせ、リスクに対する意識づけを行うために、みんなで「リスク・ウオッチの歌」を唄わせている。

♬　♪
私は　リスク・ウオッチャーだ
私は　リスク・ウオッチャーだ
一日中、リスク・ウオッチの歌を唄うのが大好きだ
私はリスク・ウオッチの歌を唄うのが大好きだ
リスク・ウオッチの仕方を知っている
ええ　私は自分の安全を守ることができますよ～　そう、あなたもね～
（この歌は、「私は小さなティポット」の曲に合わせて歌う。）

⑥ **語りかけ、リスクを問いかける。**

指導にあたる先生は、語り部（story teller）となり幼児に話を聞かせる。物語に出てくるA君のしていることは「安全か？　安全でないか？」といった問いかけをする。幼児に真剣に考えさせて判断させる。正しい答えをするときは、あらかじめ用意した、○印、誤りには×印のカードで答えさせる。

指導にあたる先生、スタッフは、幼児が喜びそうな衣装、ぬいぐるみを身にまとい、語り部の話に合わせて演技をする。

⑦ **ワークシートでリスクの判断。**

幼児に次のような作業票（ワークシート）を与える。熱いものには、○印を付けさせる。この訓練は定期的に何回も繰り返し実施する。成績を記録し能力の向上を図る。

幼児に下記作業票（ワークシート）を与え、熱いものには、○印をつけさせる。

だんろ

あついスープ

ゆきだるま

バーベキューのあみ

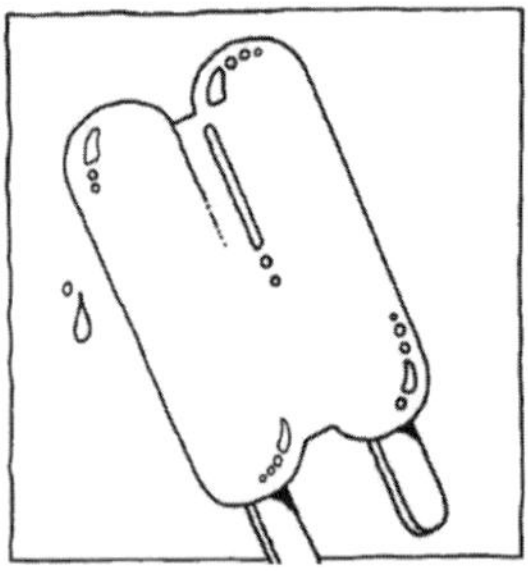

アイスキャンデー

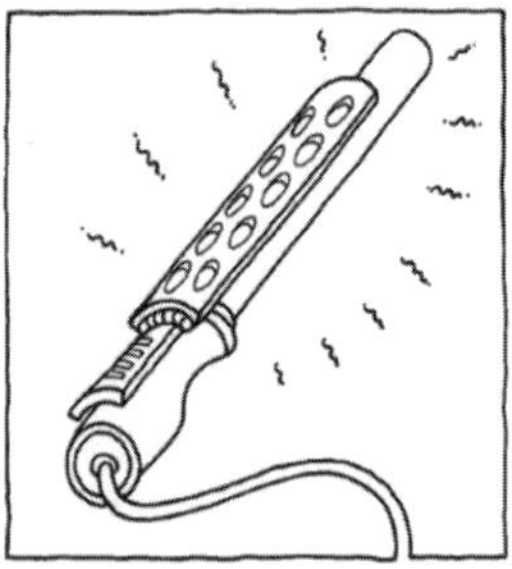

カールアイロン

（「Risk Watch」NFPA より引用）

正しいほうに　○をつけなさい。

1．おうだんほどうをわたるときは

2．のみものがほしいときは

3．じどうしゃにのるときは

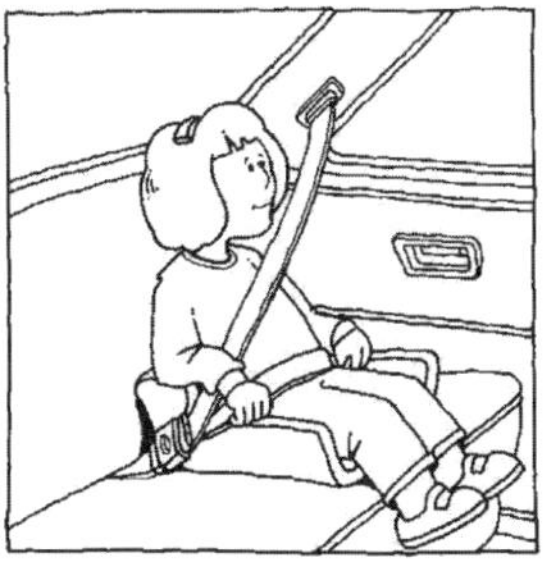

（「Risk Watch」NFPA より引用）

繰り返すがリスク・ウオッチ教育は、幼児・子供に限らず、大人もリスク・ウオッチ教育の考え方を取り入れ、日本の文化や風土に馴染んだ創造性に富んだ防災教育が、これからの社会にとって重要である。

第七章　原発事故と危機管理

1　福島第一原発事故は起こるべくして起こった

後手に回る国の原子力安全行政

福島第一原発事故は、国の監督官庁の怠慢、東京電力の経営者の安全管理責任の欠如、マネジメント力の不足によって起こった。この事故の遠因は、過去に起こった教訓を真摯に受け止めてこなかったことが大きな要因だと思う。

新潟県・中越沖地震では、東京電力・柏崎刈羽原発が被害を受けた。原子力安全・保安院は、地震が発生（平成一九年七月一六日）した当日のホームページで「現地の原子力保安検査官に加えて、本省から職員を派遣して徹底した調査をする」と公表した、

私は連日、原子力安全・保安院のホームページを注意深く見守った。だがホームページの情報は、保安院の職員が自ら現場に出向き放射能を測定し、拡散の状況、火災等の被災状況等を調査し

た結果の公表ではなかった。もっぱら、東京電力が作成した報告書に若干のコメントを加えた程度のお粗末なものであった。

地元の自治体や市民の安全に係わるリスク情報は不在であった。原子力安全・保安院という監督官庁がありながら、何故、主体的に行動し事実を把握し、積極的に調査、公表を行わないのか、疑問は尽きなかった。原子力安全・保安院のホームページには、「漏洩経路の特定について、引き続き調査する必要があると考えており、更に調査を進めるよう東京電力に指示した」とあった。

自ら調査をしない、あなた任せの原子力行政は、「行政の不作為」といわれても仕方がない。東京電力は過去にデータを改ざんし、社会的に大きな批判を受けた。法的モラル（データの改ざん等）の低い東京電力に、被害状況を点検させ、報告書を提出させる国の姿勢に不信を抱いた。

東京電力の情報開示が遅れた理由

① 地震直後、試料採取から放射能測定まで実施すべき放射線管理員が、これを速やかに実施する体制が整わなかった。

② 非管理区域に漏洩があるのに、放射能は含まれていないとの思い込みがあった。

③ 測定値の正しさを確認するため、放射能測定を繰り返したので対応が遅れた。

と述べている。

危機が起これば直ちに対処するのが危機管理の基本原則だが、ここには経営のトップに携わる経営者のリスク感性やマネジメント力が欠けていた。これでは納得のゆく説明責任を果たしたとはいえない。

2　柏崎刈羽原発事故の教訓

所管大臣に情報開示を求めた新潟県知事

柏崎市長は、地震発生から三日目、消防法に基づいて東京電力・刈羽原発事業所に対し、緊急使用停止命令を行った。

原子力安全・保安院は、ホームページで「東京電力からの報告に、当該発電所六号機の放射性物質の漏洩事象について、環境中に放出された放射量の公表内容に誤りがあったことに注目し、計算を誤った原因を厳しく調査する、東京電力には改めて厳格かつ迅速な報告を行うよう指示した」と公表した。

地震から一週間後、平成一九年七月二四日、新潟県の泉田知事は、甘利経済産業大臣を訪ね、情報の提供を要請した。これに対し「七月二四日以降、地元において一日一回をめどに情報提供を行う、本省から職員を現地に派遣し、定期的に情報提供を行う」と述べた。地元県知事が自ら担当大臣に情報提供を求めないと、国は進んで地元自治体、市民に情報提供を行う意思はなかったのである。

情報処理・施設・設備の耐震性の不足

柏崎刈羽原発は、設計上の想定値二七三ガルに対し、一号機は想定値をはるかに上回る六八〇ガルであった。火災発生、消火設備・ダクト・配管等の損傷、微量の放射性物質の漏れがあり、操業停止に追い込まれた。設置してあった地震計六七台のうち、六三台分は本震の地震動データに余震データを上書きしたため情報が消失したという。相次ぐ余震で、地震計の記憶容量が本震データを本社に送信し終わらぬうちに余震データが上書きされた。大地震に備えた地震計の記憶容量が十分ではなかったのである。

火災に対応できない自衛消防組織

柏崎刈羽原発では、大地震の発生に伴い、原発施設の変圧器から火災が発生したが、自衛消防隊による迅速な初期消火が行われず、地元関係者、住民に大きな不安を与えた。火災の発生に伴い、一一九番通報をしたが、消防は市民の救出・救助、救護等の業務に忙殺されていた。

IAEA（国際原子力機関）からの改善要請

IAEA（国際原子力機関）は〇四年一一月、刈羽原発施設の現場調査を行い。翌年、〇五年六月、「評価報告書」を提出し、東京電力に次のような改善要請を行った。

① 火災対策を専門に担当する組織がない。

② 消防団はあるが、訓練を受けていない。団員は定期的に所内を巡回していない。

③ 火災対策を話し合う委員会が二年間開かれていない。

④ 火災対策の組織や火災訓練を強化する必要がある。

原子力安全・保安院は、「当院は、東京電力による消火活動の初動体制には改善すべき点があったと考えている。今回の調査結果及び今後、東京電力から提出される調査結果や再発防止対策等を踏まえて、適切な初動体制が構築されるよう指導する」と公表した。

その後、東京電力は、消防署と合同で消火訓練を実施し、所内に「防火管理者」を選任するなど、改善に着手、昨年五月にＩＡＥＡの再評価を受け、「課題は解決した」と公表した。（読売二〇〇七年七月一九日）

原子力を扱う事業所が、ＩＡＥＡの立ち入り調査で、防火に関する基本的な事項について改善を求められる杜撰《ずさん》な企業体質が、その後の福島第一原発事故という巨大災害を引き起こす導因になったのだと思う。

3　原発事故と戦術・戦略

現地部隊に教えない免震重要棟

福島第一原発事故では、自衛隊、消防は決死の覚悟で冷却作戦を実施したが、東京電力は自衛隊、消防部隊に、「免震重要棟」があることを知らせなかった。

「免震重要棟」は、中越沖地震を教訓に設置した建物で、震度七クラスの地震でも緊急時には、安全を確保するために必要な、次の機能が確保されている。

○全プラントの状況把握
○災害の拡大防止
○復旧のための指揮活動

○自治体や消防関係機関へのホットラインを備えた「緊急対策室」があり、通信、電源など重要な設備が設置されている。

この「免震重要棟」は平成二二年一月から運用を開始した。

自衛隊や消防等に支援を要請すれば、優先して免震重要棟を使用させるべきであったが、知らない自衛隊、消防は危険な状態に曝《さら》され多くの苦労を強いられた。

なぜ、消防、自衛隊は「免震重要棟」の存在を知らなかったのか、聞くところによれば、東京電力は免震重要棟が竣工後、消防への使用届（確認届、使用届）が未提出で、消防の立入検査は実施していなかったようだ。また、自衛隊は、「原子力災害対策特別措置法」に基づき、総理大臣から要請を受ければ、直ちに原発施設に立ち入ることになるが、「免震重要棟」の存在を把握していなかった。これが事実であれば安全で効率的な活動はできないと思う。

危機が起こると、法令に基づいて国の首長が最高指揮官になる。だが補佐する閣僚、官僚、企業のトップリーダー等はいずれもずぶの素人だ。現場の危険な状態について知らない。知識・経験のない政府、企業の判断で、ものごとを決め指示、命令を下すのでは危険極まりない。現場のことは現場に任せる専門の組織体制の構築が急務である。

大本営機能と現地部隊の指揮権を明確に分けて、部隊の運用にあたらないと、思わぬ失敗を冒すことになる。

原発事故と部隊活動

福島第一原発事故では、東京都隊の総指揮官・佐藤康雄（当時、東京消防庁警防部長）は、卓越したリーダーシップを発揮した。「なぜ、その決断はできたのか……福島原発に立ち向かった消防官の生き様」（中央経済社）、の自著には、次のことが述べてある。

部隊を三つの班に分けた。
一班は「現場の危険と活動の可能性の確認」。
二班は「海水を三号機に放水すること」。
三班は「隊員の被ばく線量を毎時三十ミリシーベルトに抑えること」。

遵守すべきこと

●全員鉛入り防護服の完全着装。
●二〇キロ圏内の現場指揮本部は屋内活動とする。

●できるだけ物陰に隠れる。（遮蔽）三号炉とは対峙しない。
●面体着装前に四〇歳未満は、ヨウ素服用。再服用は厳禁。（効果は二四時間なので時間が経過した場合は活動停止）
●八〇ミリシーベルト検知で退避。
●汚染検査が終了するまで、飲食、喫煙は厳禁。
●着用衣服は、脱衣後、ビニール袋に密閉。

（佐藤康雄「なぜ、その決断はできたのか」二三六頁より引用）

防護服・測定器を過信するな

日本の社会は、命の安全に対する考えが甘い。防護服で頭のてっぺんから足の爪先まで覆い隠せば安全だと考えてはいないだろうか。もう一度、テロ災害の章を思い起こしていただきたい。一つの装備ですべて安全が賄えると考えるのは大きな間違いだ。危機の種別によって対処の仕方が異なるからだ。身の防護を図り、除染する方法についての検証が必要である。

災害活動に伴う安全確保は、指揮官と隊員が一体となって行動しなくてはいけない。

早期に警報を出し、危険地域と安全地域の識別、行動や避難の在り方、関係機関への通報等の対策が必要だ。防護服や測定器があれば安全だと過信してはいけない。

原発大国・フランスの消防

フランスの元環境大臣・弁護士・コリーヌ・ルパージュ女史は「原発大国の真実」で次のように述べている。

「消防側がどんなに訓練され、専門技術や装置を備えていても、百万分の一グラムの放射性物質による汚染に対して、なす術がないのです。国内で重大な原子力事故が起これば、フランスは住民を適切な方法で守ることはできない。実際に国内の原子力施設の分布状況を考えれば、住民は避難しようがないのです。（九八頁）（略）。

ある消防士の証言を紹介しましょう。『施設の風下にあたる地区の住民の避難に関して、前もって準備に数か月をかけ避難シミュレーターを使って確認しましたが、各隊員が避難誘導の難しさを実感しています』。これが本番だったら、指揮系統の混乱があったり、逆上してパニックに陥る住民が出てきたり……つまり、交通事故や渋滞も発生する、作業はさらに困難をきわめることになるでしょう。

屋内避難にも、てこずりそうです。目張りをするもの……食品包装ラップや接着テープを揃えておかなければならないし、コツが要るのです。住民は防災に関する知識もないし、心得もない。防災パンフレットが配られているだけです。パンフレットにしても配布先は限られています。（略）

フランス電力や安全規制当局は、『レベル三程度の放射性物質の放出を伴う事故であれば、消防士たちによって公衆の安全は確保される』と信じ込ませようとしています。しかし消防側がどんなに訓練され、専門技術や装置を備えていても、百万分の一グラムの放射性物質による汚染に対してはなす術がないのです。

確かに消防士は、地方公務員です。決められた義務を遵守する立場にあります。もっとも彼らの義務には、都合の悪いことは口外すべからずという掟はなかったようです。

前述の消防士は事態を憂えています。機能不全に陥ることがわかっている隊員は全員、そのことを告発すべきです」

（コリーヌ・ルパージュ「原発大国の真実」）

日本の原発村の関係者は、フランスと同様、原発推進の立場から安全に対する議論をしてほしくないと考えているようだが、いざ事故が起これればどうなるか、重要な議論を避ければ大きな禍根を残すことになるだろう。災害活動を行う防災機関は、住民の避難の問題について大いに議論する必要がある。

東日本大震災では、政府は原発事故について警鐘的な意見に対しことごとく抑えにかかった。このことについて、慶応大学教授　金子　勝は次のように述べている。

「日清戦争の『木口小平は死んでもラッパを離しませんでした』みたいな話しですよ。消防隊員が危険を顧みず水をかけ続けている映像は確かに立派だけど、それを美談のままませていいのか。東京電力ははっきりと情報を出そうとしないように思えるし、建屋がどうなっているかもわからない。これを美談でまとめてしまうのは問題のすり替え以外の何ものでもない」。

（児玉龍彦・金子　勝「放射能から子どもの未来を守る」ディスカバー携書）

コリーヌ・ルパージュ女史や慶応大学教授・金子　勝の意見は傾聴に値する。

日本は欧米と比べて、あらゆる事態を想定し、最悪事態に備えた対策を講じようとはしない。災害活動にあたる防災機関（消防・警察・自衛隊等）は、国民の生命、財産を守るために強い使命感を持っている。だが、使命感だけでは安全は確保できない。国は必要に応じて法律を制定するが、「活動する隊員や市民の安全」に関する問題について多くは自治体任せである。結果重視の対策が何より重要である。

4　原発は是か非か

人が係わる管理に「絶対安全」はない

原発は是か非かと問われれば、迷うことなく「原発は速やかに廃止すべきだ」が、私の持論である。

「コストが高い」、「安い」、の問題だけではない。化石燃料を使用して二酸化炭素を放出し、大気を汚染するかしないかの問題でもない。原子力という巨大エネルギーを扱う原発施設を人間が操作し、管理することは極めて危険な行為であるからだ。

人間の判断、行為、行動に絶対安全はない。「二度とこのような大事故は起こしません」と平身低頭してみても、どこかで事故を起こす可能性がある。

人が人を管理し、人がもの（施設、設備等）を管理するには、「注意心」、「性格」、「誠実さ」、「リスク感性」、「モラル」「錯誤」、「思い違い」、「勘違い」、「犯意」、「怠惰」、「物忘れ」、「手抜き

（工事）」、「責任回避」、「職務に対する不満」、「人間関係のトラブル」、「組織に対する恨み」等、人間の判断、行為等には様々なリスクがあるからだ。

福島第一原発事故は、過去に起こった原発事故の延長線で起きた大事故であった。「巨大地震で大津波が押し寄せ、電源設備がやられて大事故になった」と東京電力の経営者はいうが、過去に起きた最悪事態の大津波を想定し対策を講じていたならば、大事故は防げたと思う。人間はご都合主義でものごと考えて判断する、過失、危険を無視し、儲からない防災にはコストをかけようとはしない。

自転車、自動車、航空機、船舶、列車等の事故がしばしば起こる。法令で厳しく規制し、教育訓練を行い、安全管理を徹底してみても、根こそぎ事故をゼロにはできない。

だが、原発事故は例外だ。事故を起こせば、人命の損傷のみならず、遺伝子を傷つけ、地域社会を崩壊させ、致命的な損害を与えるからである。このことを考えると、人間に巨大な原子力を安易に使わせてはならないのだ。

真実を語る現場の技術者

「福島原発……ある技術者の証言」の著者、名嘉幸照氏は、東北エンタープライズ会長で、ＧＥの技術者として福島第一原発の運転スタート時から約四〇年間、同原発で、メンテナンスに携わってきた方である。原発の現場を知る数少ない技術者の一人と言われている。福島第一原発の保守点検を担当。3・11以降は、ドイツの公共放送局製作、ドキュメンタリー番組「フクシマの嘘」。スイス放送協会、ロイター通信社、NYタイムス等に出演している。

この著書には、福島第一原発事故が起こる以前から安全管理について、生々しい事実が述べられている。ここには、経営者や役職にある人の「マネジメント力」や「リスクマネジメント」の無さについて述べている。以下、一部を引用させていただいた。

○現場では福島第一原発の津波に対する弱点は、すでに認識されていたにも拘わらず対策を先送りしてきた。（二六頁）

○本書でもっとも強調したいことは「原発は安全」という嘘がすべての元凶という事実。（二九頁）

○機械の想定外の劣化、操作ミスなどで、危ない事態が絶えることはなかった。事故、トラブル、故障はきちんと外に出して改善策を講じるべきなのに「原発は安全」という安全神話を守ることに自縄自縛になった電力会社は、それをためらい、隠し、事態の悪化を招いたり、返って外部から不信の目を向けられたりした。（三〇頁）

○検査でひび割れ、摩耗など不具合が見つかったが、事実を伏せて原発を運転し続けた。（四三頁）

○大津波で炉心事故を起こした一～三号機では、非常用ディーゼル発電機が地下に置かれていた。このため津波で水没し動かなくなった。地下にあった非常用ディーゼルを地上の高いところに移した方がいいと、私は当時から考えていた。

○内部告発……トラブル隠し。点検記録の改ざんが表ざたになったのは、通産省（現経済産業省）への内部告発で、告発者は日系アメリカ人社員、スガオカ・ケイ氏。ＧＥインタナショナルの社員であった。

○ＴＩＬ（Technical Instruction Letter＝技術に関する情報）

福島原発におけるＧＥの窓口であった私の仕事の一つは、本社（ＧＥ）がアフタサービスとして行う「安全に関する情報」を東京電力に伝える任務であった。

ＴＩＬにはＡ、Ｂ、Ｃ、の三つのランクがある。

Ａは　すぐにプラントを止める。

Ｂは　できるだけ早く計画的にプラントを止めなければならない。

Ｃは　次の定期検査まで様子をみてかまわない。

GEは、世界各地にあるGEプラントで見つかった技術的な「欠陥」や「設計ミス」を分り次第、情報を各プラントに送っている。

送られてきた「TーLにプライオリティーA」があったので、すぐに対応する必要があると東京電力担当部長に文書で伝えた。ところが、いつまで経っても東京電力は発電機を止める様子は見られない。二日もプラントを止めれば完了する工事だと思ったし、取り換え部品もGEタービン部門から送られてきていた。

職務上、私は何度も担当部長に催促したが、発電機は動き続けた。（略）、GEから言われなくても自分たちで危険かどうか判断できるという自負心があったと思う。（八〇頁）（略）

GEの懸念は現実のものとなり、エキサイターが爆発、タービン建屋内で火災が発生した。現場に駆けつけるとエキサイターのケースは残っていたが、中はすべて吹き飛び、ぼろぼろの状態。初期消火で火は広がらなかったが、タービンはストップ。蒸気の行き場を失った本体の原子炉もスクラム化してしまった。

GM本社からきた担当者と私が、東京電力にTILの件を質したところ担当部長は、「そのような文書は見たことがない」という。ところが部長が机の上を探したところ、高く積まれた書類の山のなかから「TーL・プライオリティーA」の書類が二枚も出てきた。事故が起こった後で初めて知ったような対応にがっかりした。

一九八九年　福島第二原発三号機で、再循環ポンプが破損する事故が発生。一年一〇ケ月運転を停止した。（このことは当時新聞で大事故と報じた）「この震動は放置できない」と進言したが、所長は「注意深く監視しているから……」と言うだけであった。

「福島原発……ある技術者の証言」（名嘉　幸照・光文社）

このような現場の事実を知ることによって私は、人間の判断、行為、行動には、「絶対安全」はないと一層強く思うようになった。

第八章　風評被害・クライシス・コミュニケーション

1　大災害と「風評被害」

東日本大震災と風評被害

福島第一原発事故は、国内だけではなく海外にも大きな衝撃を与えた。住む家や土地を失い被曝された方々や風評被害等、日常生活や経済活動に多くの損害が生じた。ここでは特に風評被害について述べておきたい。

原発事故による風評被害は、健康、農産物、漁業等、多くの分野に及んだ。放射性物質の拡散に留まらず、人権侵害、犯罪、文書偽造等が起こり関係省庁や警察機関等では、文書、チラシを配布し、市民の不安の解消に努めたが多くは後手に回った。

風評被害、流言飛語、デマの意味

「風評被害」、「流言飛語」「デマ」は、いずれも用語の意味に大きな違いはないが、「デマ」とは何かについての説明は、百科事典によって多少の違いがある。

「デマ」はデマゴーグ（Demagogue）の略。語源的には扇動政治家が民衆を扇動するために用いた宣伝が本義。「うそ」、「うわさ」、「流言」などを意味する場合もある。「古代ギリシャでは民主政治を行ううえで、声望、弁舌によって決議に影響を与えて政治を左右する者、民衆の指導者を意味したのが原義だという」。現代では、刺激的な弁舌、文章によって大衆を政治的に動員する扇動政治家をいう場合が多い。（ブルタニカ国際大百科事典）

○「風評」……世間の評判。うわさ。風説。（広辞苑）

○流言飛語……根拠のないのに言いふらされる。無責任なうわさ。（広辞苑）

○「人が今後、起こるかも知れない」という漠然とした不安を持っているときに、広がりがちな根拠の無いうわさをいう。」（農林水産省）

本書では、風評被害、デマ等の用語は、「根も葉もない」、「根拠の無い」、「単なるうわさ」といった意味で用いることにした。

風評被害の実態

東日本大震災で生じた風評被害の事例を挙げる。

○福島第一原発事故に伴い、三〇キロ㍍以上、離れた地域においても配送業者は、救援物資の配送を拒否し、物資が届かなくなった。

○福島・茨城・栃木・群馬県などの地域では、生産された米等の穀類、野菜、果物、魚貝類等が放射性物質に汚染されたとの理由で、出荷停止措置に該当しないものまで、出荷を拒否された。

○宿泊施設では、福島県からの避難民に対し、放射能の影響を懸念し、受け入れを拒否した。理由は放射能への影響を懸念したためだといわれている。

○「福島レベル八へ引き上げ」といったデマ情報が、ツイッターを通じて拡散した。(Digest News. 二〇一一年六月六日)

○「実在の教授名を使った偽の寄稿。

「郡山市で一二万部を発行するタウン情報誌「ザ・ウィクリー」（五月七日号）に、放射線で「頭もよくなった」などと被爆の「効能」を強調する記事が実在の大学教授からの寄稿と偽って掲載される事件が起こった。名前を使われた長崎大特任教授・宮里達郎氏は「寄稿した事実はない。私が被爆者であることや肩書きが勝手に使用されたのではないか」と話し、法的措置を検討している。

（郡山タウン誌・福島「毎日新聞地方版」二〇一一年六月一五日）

○当時の枝野官房長官は、「避難住民の不安心理につけ込み、窃盗グループが入り込んでいるといった悪質な流言飛語が口伝え、メール、インターネットの書き込みなどで流布したが、警察は確認していない。警察、自衛隊が防護服や線量計を装備の上、パトロールしている」と強調した。

○義援金詐欺……「うその被災話で粗悪なカニを売る＝海産物販売会社の三人を逮捕……北海道警察」、（時事ドットコム　二〇一一年五月三〇日）、「逮捕容疑は、三月一七日から一九日ごろの間、アルバイトを使い、長野県安曇野市の女性ら二人に電話をさせ、カニなどの購入を持ちかける際、「今回の大地震で会社が被害に遭った。義援金のつもりでカニを買って」、「倉庫が被災し、商品を腐らせてしまうので助けて」などといった虚偽の事実を告げた疑い。

○「義援金詐欺に気を付けて　県生活科学センター兵庫」では、「市役所からきた、義援金をお願いしたい」と戸別訪問して金を集める男が現れたといった相談。街頭で募金活動をしている団体の正当性を確認する問い合わせ。「売り上げを義援金にまわす」と言ってリンゴを売り歩く便乗商法にも注意を呼びかけた。

○「外国人窃盗団」、「雨に当たれば被曝」、「被災地に広がるデマ」(asahi.com)

東日本大震災の被災地で、流言が飛び交っている。「外国人の窃盗団がいる」、「電気が一〇年来ない」、「暴動が起きている」といった根拠のないうわさが、口コミや携帯メールで広がっている。宮城県警は、二五日、避難所にチラシを配り、惑わされぬよう冷静な対応を呼びかけた。県警によると一一〇番通報は、一日五〇〇〜一千件程度あるが、目撃者の思い違いも少なくないという。

大地震とデマ情報

関東大震災では、「朝鮮人が井戸に毒物を投げ入れた」、「暴動を起こした」、といったデマ情報で、罪のない多くの人々が殺傷された。

熊本地震ではこれに似たデマ情報がツイッター等を通じて、

○熊本の朝鮮人が井戸に毒を投げ込んだぞ。
○九州中の井戸に朝鮮人が毒を入れたってマジ？
○大地震が起きたら韓国人が井戸に毒を入れてるかもしれないから井戸の水は飲まないほうがいいよ。

といったヘイトスピーチ（差別扇動表現）が相次いだ。（東京）

阪神淡路大震災では、神戸市に住むある女性宅に、見知らぬ人から電話で、「給水作業従事者がエイズに感染しており、水を回し飲みした市民がパニックに陥っている」と知らせてきた。女性宅から連絡を受けた市の中央保健所が調べると全くのデマであった。ほかにも同様のいたずら電話があるとみた同保健所は、二九日、デマに惑わされることのないようにポスターを百枚作り、区内の各避難所などに配布した。（毎日）

神戸市内のある病院では、大地震後、「病棟の一部が破損したため、入院棟がだんだん傾いている、病院が倒産して給料が出なくなる」、といったうわさが広がった。

病院は早速、入院患者を被害のなかった外来棟に移し、「災害対策ニュース」を作成して、病院の復旧状況、勤務のこと、給料支給のこと、などを掲載して配布した。

（澤田勝寛「病院が大震災から学んだこと」都市文化社）

この二つの事例は、いずれも市の保健所が迅速にポスターを配布したこと、病院管理者が「災害対策ニュース」を作成して、院内の人々に知らせたことが功を奏した。

原発事故・避難者の子供いじめ

○横浜市に住む「原発事故・避難者の子供いじめの手記」は、衝撃的な報道であった。将来への希望を失い、一時は死を覚悟したという。嫌がらせの手記を一つ一つを読みながら思わず胸が締め付けられた。私にも小学生の頃、いじめられた経験がある。しかし、同じいじめでも死を覚悟するようないじめではなかった。親が学校に苦情を言えば、学校はそれなりに対応してくれた。だが、現代社会で起こるいじめの導引は、大人たちであり、教育関係者であり行政であると思う。いじめを把握したならば、悪いことだから止めろと厳しく言い、人のものを隠し、金銭を強用すれば徹底して糾明し、善悪の判断を教えなければならない年頃である。手記を読むと事件に係る大人たちは、個々の問題を正面から対峙することなく逃げの姿勢で対応しているかにみえる。

生徒のいじめは、福島から避難してきた直後、小学二年のときから始まったという。手記には、

「ばいきんあつかいされて、ほうしゃのうだとおもっていつもつらかった。福島の人はいじめられると思った。でも、しんさいでいっぱい死んだからつらいけどぼくはいきるときめた」。

終わりの言葉に思わずほっとし救われる思いがした。

「原発事故・避難者の子供いじめの手記」は、命にかかわる問題だ。災害危機管理の対象は、「地震、火災、水害、事故」等だと考え易いが、いじめによる、か弱い命を絶とうとする子供の危機を救うのも災害危機管理の対象である。

「災害危機管理」、「リスクマネジメント」の未熟な日本社会では、大人の多くは、俄かにリスク感性といっても理解し難いと思うが、重要なことである。日本の社会は重大な事故でも起こらないと、立ち留まり、考え、対策を講じない風潮がある。

暴力を受け、教科書や鍵盤ハーモニカを隠されて、思い悩む児童は、「リスクマネジメント」でいう「リスクの発生」である。どこにどのようなリスクがあるのか、リスクを察知し、リスクを把握すれば、これを予防し、回避するのが保護者、教育者、関係者の重要な責務である。

信頼すべき先生に話しをすると「ないなら、買うしかない」、「忙しいから後で」と言われる。ゲームセンターで遊ぶ金をたかられ、一部の保護者、両親が学校に相談すると、「ものは隠されたのではない」、「本人の管理の問題」「お金の話しは警察」。両親が市の教育委員会に相談すると、「学校自治」を理由に介入しようとはしない。

被害を受けた生徒の手記に「いままでいろんなはなしをしてきたけど（学校は）しんようしてくれなかった。なんかいもせんせいに言（お）おうとするとむしされた」。（東京）

今回の事件が表面化したのは代理人である黒沢知弘弁護士だった。何が起こっているかを熟知し、子どもの安全を守る責務のある周囲の関係者から明るみにでた話ではなかった。これが事実であれば日本社会（すべてとはいわないが）は、随分、歪んだ倫理、道徳に欠ける大人社会になったものだと私は思う。将来の健全な日本の社会を担う子供に対しこれでいいのか、我々大人は、他人事としないで、真摯に考え現状の在り方を考え直す必要があるのではないか。

学校教育で起こる問題だけではない、大人社会においても職場のいじめ、災害に伴う嫌がらせ、風評被害、ヘイトスピーチ等は、文明国として恥ずべき姿だ。このような風潮は明らかに社会的危機だと思う。

風評被害と対策（いわき市の事例）

風評被害の発生形態は多種多様である。「自治体の風評被害対応～東日本大震災の事例～」（公益財団法人　日本都市センター発行）には、風評被害について次のような説明をしている。少し長くなるが一部を引用させていただく。

福島県いわき市で起こった風評被害では、市の「見せます！　いわき情報局・見せる課」西丸巧課長は次のように述べている。

「震災直後の打ち合わせメモ（二〇一一年三月一四日）に、初めて「風評」の文字が記載されている。これは福島第一原発事故により、「いわき市危ない」との風評が発生し、いわき市民向けの緊急避難用ガソリンを搬送するタンクローリーの運転手が、「搬送先は郡山市まで」と要望したことに起因する。爆発事故後、報道各社から「原発事故はレベル五ではなく、レベル七であるとの報道があった（略）」……」。

「受け取ってもらえません」と生産者の悲痛な声が届いたのは、三月下旬であった。それ以前から「関東地方の市場への出荷ができない」などのうわさは聞いていたが、ついに農産物の出荷拒否が現実となった。

どのような対策を講じたか

「いわき産農産物への信頼を回復させるには、安心・安全を声高に訴えるのではなく、消費者に安全・安心の判断材料を公明正大に提示することであった」西丸巧課長は、次の①〜⑤を示している。

① **消費者を対象に効果的な情報発信の展開**

いわき産は安全性が心配なので避けたいとする消費者に対し、効果的な情報発信をしている。

② **女性、主婦を重視したウェブサイトによる情報提供**

情報感度を高めるために、女性から主婦層を重視。ウェブサイトにすべての判断材料を集約し、誘引することにした。

③ **消費者への安心安全の判断材料の提供**

ウェブサイト「見せます！ いわき情報局」では、農産物の検査結果を中心に検査方法、農産物を育む土壌、水道水の放射能物質の検査結果、空間線量、数値化できない生産者の方々の取り組みなど、いわき農産物の安全・安心を判断する材料を分かりやすく情報発信している。

④ **マスコミの活用**

テレビ、新聞、専門誌等のマスコミを対象としたプレス・ツアーの開催。市民に対して、商業施設等ではＣＭ放送、地元ＦＭ局を活用した。

⑤ **検査体制の強化**

検査機器や検査員を増強して、検査内容の透明度を図った。

風評被害に関する以上の対策は、重要な政策・対策である。

風評被害と情報の信頼性

「なぜ風評被害が発生したのか」、「風評被害はなぜ拡大したのか」、「政府、マスメディア等が報道する情報は正しいか」、「ごまかしはないか」。情報の信頼性は危機管理を行ううえで極めて重要だ。

①　政府、行政機関の報道発表の信頼性

国家の危機管理を統括する政府は、早期警戒情報システムを通じて、迅速にして正確な情報を公表することが重要だ。東日本大震災では、政府は正確な情報を迅速に報道しなかったために、多くの混乱が生じた。マスコミも正確に報道したのは数社といわれている。多くは政府、行政機関に依存した情報が多く、専門家、有識者と称する方々の意見や見解にも大きな違いがあった。

②　早期警戒情報と市民への情報伝達

自治体、業界、地域社会では、風評、デマ等が発生したが、これを防止するには、早期警戒

情報の把握に努めること、事実に反する情報を把握したならば、直ちに、チラシ、メディアを通じて、広く市民に対し、正しい情報を提供していれば、かなりの被害を防ぐことができたと思う。

③　個人として注意すべきことは

○人から聞いた情報をそのまま鵜呑みにしない。
○「本当かな？」と、真偽を疑ってみる。
○事実の有無を確かめる。
○自分自身で確かめる。

ことが重要だ。

日本の記者クラブの信頼性

本書、「第一章　2　東日本大震災の教訓・危機管理の原則から見た一〇の教訓。⑶早期警戒と情報の信頼性」で述べたように、日本のマスコミ情報は、外国からは疑惑の目で見られた。ニューヨーク・タイムス・東京支局長、マーティン・ファックラーは、「本当のことを伝えない日本の新聞」（双葉新書）で、「なぜ新聞は『権力者の代弁』ばかりを繰り返すのか？」「官僚の番犬」だと厳しく批判している。

マスメディアは、「リスク・コミュニケーション」、「クライシス・コミュニケーション」を果たす社会的使命と責務を担っている。権力に癒着しない報道に努めることが危機管理を行ううえで重要だ。

ファックラーは……

「私が一二年間、日本で取材活動をするなかで感じたことは、権力を監視する立場にあるはずの新聞記者たちが、むしろ権力側と似た感覚を持っている。（略）国民よりも官僚側に立ちながら、『この国をよい方向に導いている』という気持ちが、どこかにあるのではないか。やや厳しい言い方をするならば、記者たちには『官尊民卑』の思想が、心の奥深くに根を張っているように思えてならない。読者（庶民）の側に立たず、当局（エスタブリッシュメント）の側に立って読者をみくびる」。

記者クラブという連合体を結成し、官僚機構の一部に組みこまれた形で、プレス・リリース（報道機関向けの発表文）やリーク情報（ある情報を故意に漏らすこと）を報じる姿勢が、それを裏付けているような気がしてならない。

日本の新聞記者は、あまりにもエリート意識が強すぎるのではないだろうか。彼らは政治家に対しては割と批判的なのに、行政のパッシングはできるだけ避けようとする。政治家の記事は書き放題なのに、官僚パッシングをやりたがらないのだ。それはやはり、官僚が貴重な情報源であると同時に、どこかで同志意識のようなものが、あるからだろう。（略）日本の大手新聞は、官僚機構が最も嫌がるニュースを率先して報道しようとはしない。或る新聞だけに特ダネを握られたら困るので、記者クラブはみんなで話しあって特定の新聞だけが違う方向へ向かわないようにする。自分だけ、情報をもらえなくなっては困るから官僚機構とケンカするのを避け、同じインナーサークルのなかで手を取り合う。記者クラブ制度が、なぜ日本で問題視されないのか不思議だ」と述べている。

マーティン・ファックラーの厳しい批判に私も同感である。現職であった当時、記者クラブの連中に理不尽な言い掛かりをつけられ、一触即発で大喧嘩になるような苦い経験があるからだ。日本の一般紙は、なぜ同じような記事を載せるのか、なぜ記者クラブの連中は、理不尽な言い掛かりを消防に向けるのか、ミステリアスな感じで理解できずに悶悶と悩んだ時期があった。だが、この謎が解けたのはファックラーの一冊の本だった。

これから述べる私の経験は、実につまらぬことだが、日本の記者クラブの体質や実態を知るうえで重要なことなのであえて述べておきたい。

東京消防庁（以下、「東消」という）には記者室がある。記者たちは、平時は警視庁の記者クラブに常駐している。このため、東消・広報課では記者クラブ向けの資料を作成し、警視庁の記者クラブに持参し、記者クラブの当番幹事に一括して手渡していた。

ある日のこと、広報課の係員がいつものように資料を持参し当番幹事に手渡したところ、どうしたことか、当番幹事は記者クラブの他社の記者たちに資料を配布するのを忘れてしまったのだ。

憤慨した記者クラブの連中は、資料配布を忘れた当番幹事に矛先を向けずに、悪いのは消防だ！」とばかりに、東消・広報課の担当者を呼びつけ、「部長が来て謝罪せよ」と激しく攻め立てた。

部下から報告を受けた私は「こちらには落ち度はない、私が出向いて謝罪する必要はない、記者クラブの連中にそう言え」と指示した。担当者が再び記者クラブに赴き、私の考えを告げると記者たちは、「部長に始末書を持って謝罪に来い！　応じなければ消防総監のクビが飛ぶぞ！」と担当者を威圧した。

記者クラブの連中は、良識のある頭脳明晰な人たちだと思っていただけに、信じがたい気持ちでいっぱいだった。だが事実とすれば、どう問題を処理すればよいか思案した。

理不尽な要求に不満やるかたない気持ちで記者クラブの連中と一戦を交えようと思ったが、理屈の分からぬ相手と論争すれば、興味本位に話題をまき散らすことになる。

「言った、言わない」の水掛け論になれば、言われたことの証拠となるものがない。記者クラブとけんかして話題を撒き散らせば、トップはいい顔をしないだろうと思った。そこで「負けるが勝ち」と考え、不本意ながら、始末書を持って記者クラブに赴いた。

若い記者たちは椅子に座り、私の顔を正視することなく、時折ちらりとこちらを見ながら下を向き黙っていた。そこで、私は「なぜ、消防に非があるのか」、「なぜ、始末書を書かねば総監の首が飛ぶのか」説明してくれと問いかけた。

だが、答えはなかった。不満があれば堂々と消防の手落ちを抗議し、自らの意見を言うべきだが、語ろうとはしない。消防の非をなじる理由がないからだ。同僚の幹事のミスに対する不満を消防になすりつけ、嘲弄《ちょうろう》したかったのである。

高等教育を受けた記者たちだが、なぜ、このような餓鬼大将のような真似をするのか、この時点では理解できなかった。だが、東日本大震災後に出版されたファックラーの「記者クラブには権力側と似た感覚を持っている、似たような価値観を共有しているといってもいい」と述べていることに「これだ！　このことだったのか～」と、思わず自ら膝を叩いた。心の片隅に残っていた遠い昔の不快感が、霞が晴れるが如く消え去った。

ファックラーは、いみじくも記者クラブを「官僚制度の番犬」と述べている。多くの一般紙が、同じような記事で満たされている理由もよく分かった。若い記者たち（番犬）をしっかりと管理・

監督すべき本社幹部のマネジメント力が欠けていたのである。良識ある記者を育てないとマスコミの信頼性はますます低下するだろう。

誤解があってはいけないので一言、申し添えたいことがある。

一口に記者といっても、一匹狼で、足で稼ぎ、汗をかきかき貴重な情報を取材して歩く真摯な記者も大勢いる。私はこのような記者には積極的に情報を提供した。翌日の朝刊の一面トップで大きく掲載されたことがあった。

東日本大震災では、信頼すべき政府、マスメディアは、国民の安全に関わる重要なクライシス・コミュニケーションを担っているにもかかわらず、その使命を果たすことができなかった。

このことは今も改善されているようには思えない。このため情報を受け取る側で、情報の真偽を確かめ判断する必要がある。情報の真実を知り正しく判断するには、内外の情報を多角的に把握することだ。大地震等の災害では、韓国放送やＦＥＮ（米軍の極東放送網）を積極的に活用する人がいる。平素から情報の入手方法について研究しておくことが重要だ。

ファックラーは、「河北新報」を評価している。二〇一一年度の日本新聞協会賞を受賞した。「河北新報や琉球新報、その他の地方紙、東京に拠点を置く東京新聞は政治のニュースに力をいれるといった大胆な棲み分けをするとよい」と述べている。

長々と自らの体験を交えて「記者クラブ」を批判したが、政府の報道発表、新聞等のマスコミ報道をそのまま鵜呑みにしては、いけないということである。ここにも危機管理の重要な基本がある。

2 「クライシス・コミュニケーション」とは何か

家族、友人、見知らぬ人と会話をすることは「コミュニケーション」である。コミュニケーションとは、「社会生活を営む人間の間に行われる知覚・感情・思考の伝達、言語・文字その他、視覚・聴覚に訴える各種のものを媒介する」ことをいう。（広辞苑）

相手に伝える情報の手段には、会話、電話、手紙、文書、携帯電話、eメールの交換、ボディ・ランゲージ等がある。いずれも「コミュニケーション」である。

「クライシス・コミュニケーション」と「リスク・コミュニケーション」の違い

「クライシス・コミュニケーション」とは、大震災、台風、洪水、竜巻、テロ、原発事故、悪性インフルエンザ等、国や地域社会に大きな危機をもたらす規模の大きな災害について、「安全をいかに確保すればよいか」、災害の予防・回避、災害が起こった際の安全行動について、情報を伝達し話し合うことを意味する。

これに対して、「リスク・コミュニケーション」は、日常、起こる災害や事故、例えば、自転車や車の事故、救急・火災、犯罪、転倒、転落事故などから身の安全を守るための予防や損害の回避に関する情報交換は「リスク・コミュニケーション」である。但し、災害規模の大小に関係なく、「クライシス・コミュニケーション」または「リスク・コミュニケーション」という用語が使われることもある。

情報を交換する場合は、その情報がどこから出た情報か、信頼に値する情報か、疑わしい情報か、情報の根源をしっかりと把握することが重要だ。間違った情報は風評被害に結びつきやすい。

子供の安全教育とクライシス・コミュニケーション

東日本大震災で、釜石市は一千人を超える市民が津波の犠牲になった。だが多くの小中学生は大津波から自分の命を守ることができた。この背景には、群馬大学大学院教授、片田敏孝が二〇〇四年から釜石市の危機管理アドバイザーとして、いつの日か必ずやってくる津波に対し、子供たちに生き抜く力を主眼に、死なない防災を推進してきたことにあった。片田教授は、次のように述べている。

「釜石市で取り組んできた防災教育思想は、地震、津波に限らず、豪雨災害など、すべての事象に共通している」。また「釜石の小・中学生は、自らの命を守り抜くだけではなく、周りの大人やお年寄りなどの命を守り抜くなど命を守ってくれた」。(「人が死なない防災」片田敏孝著・集英社新書)

「クライシス・コミュニケーション」は決して難しい用語ではない。著者(片田教授)と小中学生との会話のやり取りは、まさに「クライシス・コミュニケーション」である。少々、長くなるが、その一部を引用させていただく。

先生「ここは昔、大きな津波が来たよね、知っているか?」
子供「知っている」
先生「まもなく津波が来るというようなことが言われているけれども、君はちゃんと逃げるようになっているか」と聞くと
子供「逃げないよ」と自信満々に答える。
先生「どうして」と聞くと
子供「うちは、お父さんも逃げないし、お爺ちゃんも逃げないし、そして釜石はギネスブックに載っているような世界一の堤防ができたから……もう大丈夫だ」と自信満々にいうのです。

どうして子供は、こんな答えをするようになってしまったのだろう、その背景を考えました。

子供は子供の常識を作り上げていく、そして、その行動規範を作っていく、それは、すべて環境にゆだねられます。家庭であったり、地域であったり、学校であったり、子供を取り巻くあらゆる環境の中で、子供は常識を作っていきます。（略）そこで少し言葉はきついのですが、あえて申し上げるなら、大人が避難勧告や津波警報を自ら無視して自ら命を落とす、これはある意味で自己責任といっても仕方がない部分があると思います。（略）子供たちを一〇年教えると、小学校六年生の子供たちは、大人になると二二歳になる。もう一〇年教えると三二歳になる。そうすると、もはや親になり始めます。きちんとした防災意識をもった対応力のある親の下で子供を育てれば、今の子供のように「逃げないよ」などと自信満々に言う子供ではなくなるはずです。

子供たちに何を教えなければいけないのか？

まず最初に教えたことは……。

① **想定にとらわれるな！**　……ハザードマップを見せて、これを信じるなよ、教え方に躊躇《ちゅうちょ》する部分もありました。公の行政が出している地域の防災意識を高めるための道具をあえて子供たちにみせて信じるなというわけですから……正直、最初は抵抗がありました。しかし、あえて、それをやりました。（略）このハザードマップというのは、単なる想定に過ぎないのです。（略）**想定というのは人間の一つのシナリオ**（ゴシック体は著者記す）を描いただけに過ぎない。

それにとらわれた時点で想定以上のことがあったときに、もはや「俺んち、セーフ」といっていた君の命は危ないんだということ、これを教えるために、想定にとらわれるな。ハザードマップを信じるなと、子供に言ったのです。

②ベストを尽くせ！　最善をつくせ

君はそのときにできるベストを尽くせ、最善を尽くせ、グラグラと地震が来たら大きい津波か、小さい津波が来るか分からない。最善を尽くして死んだとしても仕方がないこと……このことも教える必要がある。

③自分に向き合え

これは「率先　避難たれ」という言葉で教えました。そのまま理解すると「真っ先に自分の命を守り抜け」と言っているのです。これは、子供たちから反発がありました。（略）「先生、真っ先に自分の命を守って自分だけ逃げちゃっていいの？　先生は守られる人じゃあない、守る人になれって言ったじゃないか？」

そこで私は言いました。「いいか、人の命を守るためには自分の命があって初めてできることだ」。（略）役所が作成した資料に気を使いながらも大胆に、ハザードマップだけを信用してはいけない、と勇気をもって子供たちに教えた。

私（著者）も役所に勤めた一人だが、確かに役所のする仕事は、形式的でワンパターンであることは否定できない。片田教授の教え方は、理路整然としており参考にすべき点が多い。

「群馬県は大規模な自然災害が発生していない。『安全神話』がはびこっている。「群馬県は災害が少なく、安全な場所だという大変な誤認をしている」大災害がないからといって安心してはならない」と片田先生は注意を喚起している。

私が住む埼玉県も大災害の少ない地域なので、危機意識は概して低い。今まで大きな災害がなかったので、これからも災害は起こらないだろうと考える人が多い。

学者の発言と市民の危機意識

福島第一原発事故に伴う放射能の拡散は、市民の健康に重大な不安を与えた。長崎大学・山下教授が福島市で行った市民講話で、「一〇〇ミリシーベルトでも大丈夫といった発言」。東大教授　大橋忠弘の「プラトニュームは飲んでも大丈夫」という「大丈夫発言」に多くの市民は疑問を抱いた。マスメディアを通じて、この情報を知った我孫子市、守谷市、流山市等の市民は、自ら放射能の測定調査を開始した。子供を守るネットワークを通じ、測定調査結果を知り、やがて原発ゼロを目指した国会周辺での示威運動へと発展していった。「大丈夫発言」の真偽は私の専門分野ではないので発言は控えるが、このような一連の動きは、まさに「クライシス・コミュニケーション」である。政府、省庁、学者、先生など有識者の発言（公表）は、常に真実を語っているとは限らない。

東日本大震災では、

①放射能の被曝量の設定基準がしばしば変更された。

②原発事故の危険度は、レベルが五から七に変更された。

③メルトダウンが起こっているのに、公表を遅らした。

④原発事故に伴い避難した地域は、実は危険な地域であった。

⑤気象庁は津波の高さは、当初は三メートルを予測したが、実際は一〇～三〇メートルであった。

⑥気象庁は三月一三日、マグニチュード九・〇に変更した。

風評被害や放射能（線）は、正しい知識を身につけて、リスクの少ない方策を考えて対応する必要がある。重要なことは、リスクは常に一定ではなく変動する。リスク感性も人によって受け止め方が異なる。私の知り合いでも、放射能汚染に危機感を持ち、台湾に避難した人がいた。

危機に対し、どう対応するかは、努めて信頼できる正しい情報を入手し、自ら判断し行動することが重要だ。

危機的災害とコミュニティーFM局の役割

東日本大震災では地域のFM局が大きな役割を果たした。

一例を挙げれば、「コミュニティーFM局「ベイウェーブ」（宮城県塩釜市、多賀城市）は、ネットを通じて震災時の模様を伝えた。

「ベイウェーブ」を設立したのは、平成七年の阪神淡路大震災時に、被災地、神戸で活躍したラジオ局を教訓に設置し、震災から一週間目に臨時災害FM局が認可されスタートした。

スタジオは津波によって大きな被害を受けた。機材の半分は使用不能となり、一時は絶望かと思ったが、塩釜市役所による防災無線の電源使用の支援、宮城ケーブルテレビとの打ち合わせ等により、ラジオ優先で復旧し、スタジオから災害対策本部のニュースを二四時間、繰り返し放送したという。

震災後の放送内容は

① **被害状況・ライフラインの復旧関連情報。**

② **安否確認。**

③　支援物資。
④　交通情報……電車が動かなくなった関係で、臨時バスの案内。
⑤　生活情報……病院、薬局、入浴支援（自衛隊、ホテル）、銀行、スーパー開店情報。
⑥　放射能関連情報等、生活に密着している情報は無条件で放送した。音楽は一ヶ月後、ようやくかけることができた。震災時にラジオを携帯していたかによって、震災後の安否確認、給水、救援物資情報や交通情報の入手に大きな差が出た。

以上は、コミュニティーFM局「ベイウェーブ」専務取締役　横田善光氏による講演会、「ココロプレス」（ネット）から、要点のみ引用させていただいた。

NHK、新聞、テレビ等によるマクロな報道も必要だが、FM放送は、地域社会密着型の情報を、きめ細かく取り上げ、「クライシス・コミュニケーション」の一翼を担っている。「コミュニティーFM局ベイウェーブ」は、津波によりスタジオが大きな被害を受け、機材の半分が使用不能となったが、放送を再開するために粘り強く努力されたことは賞賛に値する。特に、携帯ラジオを所持することが必要だと強調している。

FM放送のスタジオは、「人の命の安全に関わる情報」を提供するので、地震（耐震性）・火災・

津波等に耐えられる安全な場所に設けることが重要だ。

ＦＭ放送が始まったのは阪神淡路大震災以後のことで、日本コミュニティー放送協会が、防災問題に果たしてきた役割は大きい。

兵庫県ニューメディア推進協議会がまとめた報告書には、次のことを提言している。

① **災害直後の「安全情報」を提供する体制の整備。**

② **災害時の「安否情報」システムの確立。**

③ **被害の状況を的確に把握するための情報収集能力の強化。**

④ **緊急避難生活を支援するための情報ネットワークの構築。**

⑤ **震災の記録・経験・教訓をマルチメディアで記録して活用。**

コミュニティーＦＭは、現在も増え続けている。しかし、資金不足、放送法の規制があって、必ずしも円滑には進んではいないようである。行政と市民、企業と地域メディアとの連携を密にした体制作りが強く望まれる。

完

あとがき

ここまで辛抱強くお読みいただき深く感謝いたします。

「危機管理」の法令や定義がない。学問的にも危機管理に関する研究は、未だ発展途上にある。学説、意見がいろいろあるのも致し方のないことである。

だが、危機管理は国家社会の命運を左右し、国民の安全を確保するうえで「百家争鳴」、「省庁栄えて国家なし」では、国民の安全にかかわる問題だけにことは重大である。

「すべての危機は国が中心に行う」のが現行の制度である。地方自治体、企業、国民の多くはすべて国にお任せである。だが省庁縦割り行政のもとで、国から指示されるままに行動すれば真の安全は得られない。国、自治体、市民、企業は、それぞれの立場で危機管理とは何かついて、深く考えてみる必要がある。危機管理は、形式的、画一的、観念的な発想で、机上のプランで行うようでは到底、危機には対応できない。

「地方創生」は危機管理についても同じで、官民を問わず自主的な創造性のある危機管理が必要だ。災害のリスクは地域によって大きく異なる。このため都道府県・市町村は、災害の地域特性に着目した危機管理の構築が重要だ。国の指示待ち自治体は、危機の対応に後れをとり、甚大な損害を被るリスクが大きい。

国は省庁横断的な発想に欠け、進取性、専門性が不足している。このため地方自治体は、創造性、行動力、危機に強い人材養成が何よりも重要だ。リスクは常に変化する。それだけに危機への対応は地味ではあるが　弾力的で弛まぬ努力が必要だ。

最近、地震、豪雨、洪水、土砂災害等に対し市町村を超えた他都市、他県との避難協定、相互支援を行うところが増えてきた。高潮、洪水が懸念される地域の町会、自治会では、自主的に避難用ボートや防災用具を備えるところが増えている。市民の危機に対するリスク感性の表れで歓迎すべきことである。

時代が大きく変革するなかで、日本の危機管理は改革すべき多くの課題を抱えている。

本書で述べたことは著者の意見であって、意見を異にする方も少なくないと思う。本書を叩き台に、オピニオンリーダーの厳しいご批判をいただき、危機管理のあるべき姿を指向して下されば、これに過ぎる悦びはない

発刊に際し「ソーシャル・リスクマネジメント学会」から、「本書」、並びに「若き消防官に贈ることば」が、学会賞を授与することに決定した、との連絡を理事長　戸出　正夫先生からいただいた。

「歯に衣着《きぬ》せぬ」自説を述べた関係で、唯我独尊になっていないか懸念していたが、予期せぬ賞をいただき第三者的立場から評価していただいたことは、私にとってこの上ない喜びであった。心

から深く感謝申し上げたい。

この愚書は数年を要してようやく上梓した。この間、（敬称略）吉井康廣、伊東昭志、山本一利、橋本清人、佐々木大造の方々に、格別なるご支援をいただいた。本の装丁は平松恵子さん、出版には三井栄志社長のご支援をいただいた。

ここに紙上をお借りし、衷心より感謝を申し上げたい。

参考図書名

亀井利明　「危機管理とリスクマネジメント」　同文館
亀井利明　監修　「リスクマネジメント用語辞典」　同文館
大泉光一　「危機管理学研究」　文真堂
大泉光一　「クライシス・マネジメント」　同文館
南方哲也　「リスクマネジメントの理論と展開」　晃洋書房
C・Aウィリアムズ　R・Mハインズ／竹井　勲訳　「リスク・マネジメント（上・下）」　海文堂
アイアン・ミトロフ　上野正安・大貫功雄訳　「クライシス・マネジメント」　徳間書房
ウイリッヒ・ベック　東廉・伊東美登理訳　「危険社会……新しい近代への道」　法政大学出版局
ジャック・アタリ　「21世紀の歴史」　作品社
Haddow Bullock Coppolo　「EMERGENCY MANAGEMENT」　Butterworth-Heinemann
Ian I.Mitroff　「THE ESSENTIAL GUIDE TO MANAGING CORPPRETE CRISES」　oxford
Hughes/Ginnett/Curphy　「LEADERSHIP」　Mc Graw Hill
NFPA（米国防火協会）　「RISK WATCH」　NFPA
ルドルフ・ジュリアーニ　楡井浩一訳　「リーダーシップ」　講談社
務台俊介・レオ・ボスナー共著　「高めよ！防災力」　ぎょうせい

西川　渉　「なぜヘリコプターを使わないのか」　中央書院
ジェイムズ・Ｌ・ウイット　小林馨監訳　「非常事態のリーダーシップ」　ジャパンタイムス
小倉昌男　「小倉昌男経営学」　日経ＢＳ社
スイス政府編　「民間防衛」　原書房
小倉志郎　「元原発技術者が伝えたい　ほんとうの怖さ」　彩流社
名嘉幸照　「福島原発……ある技術者の証言」　光文社
高見尚武　「消防のリーダーシップ・部下指導」　東京法令出版（株）
寺田寅彦　「天災と国防」　講談社学術文庫
「自治体の風評被害対応　東日本大震災の事例」　公益財団法人 日本都市センター
晴山一穂 監修　「3・11岩手　自治体職員の証言と記録」　大月書店
若杉　冽　「原発ホワイトアウト」　講談社
後藤一蔵　「消防団　生い立ちと壁、そして未来」　近代消防社
マーティン・ファクラー　「「本当のこと」を伝えない日本の新聞」　双葉新書
上杉　隆　「新聞・テレビはなぜ平気で「ウソ」をつくのか」　ＰＨＰ新書
金沢啓修　「大川小学校　避難訓練さえしていたら…」　文芸書房
片田敏孝　「人が死なない防災」　集英社新書

《著者紹介》

高見　尚武（たかみ　しょうぶ）

著者略歴

１９３３年東京生まれ。中央大学法学部卒業。東京消防庁に勤務、荏原消防署長、総務省消防庁・消防大学校副校長、東京消防庁指導広報部長・予防部長（退職）を経てセゾングループ顧問。消防大学校・消防学校・企業セミナー、彩の国いきいき大学講師。東日本大震災後は、市民を対象に「市民のリスクと安全」の会を結成、市民、中小企業を対象にボランティア活動を行なう。

現在、災害リスク研究所・代表、企業危機管理士。ソーシャル・リスクマネジメント学会会員。災害リスク、災害危機管理についての研究、災害リスク感性の普及・啓蒙にあたる。

主な著書

「災害危機管理のすすめ」　近代消防社
「災害事故トラブル解決大百科」（共著）　講談社
「地震百科」（共著）　白亜書房
「消防行政管理・職場のリスクマネジメント」　近代消防社
「幹部の能力開発・自己啓発」　近代消防社
「若き消防官に贈る言葉」　近代消防社
「リーダーシップ・部下指導」　東京法令出版
「消防小論文の書き方と対策」　東京法令出版

☆☆☆☆☆☆☆☆☆☆☆☆☆☆☆☆☆☆☆☆☆☆☆☆☆☆☆☆☆

これでいいのか　日本の災害危機管理

…危機管理の基本に学ぶ…

平成二九年五月一五日　第一刷発行

著　者―高見《たかみ》　尚武《しょうぶ》　©二〇一七
発行者―三井　栄志
発行所―近代消防社
〒一〇五―〇〇〇一　東京都港区虎ノ門二丁目九番一六号
（日本消防会館内）
TEL　〇三―三五九三―一四〇一
FAX　〇三―三五九三―一四二〇
URL = http://www.ff-inc.co.jp
振替＝〇〇一八〇―五―一一八五

装丁―平松　恵子
印刷―長野印刷商工
製本―ダンク　セキ

検印廃止　Printed in Japan
落丁本・乱丁本はお取り替えいたします。
ISBN978-4-421-00897-5 C 2030　定価はカバーに表示してあります。